物化历史系列

园林史话

A Brief History of Gardens and Parks in China

杨鸿勋 / 著

社会科学文献出版社
SOCIAL SCIENCES ACADEMIC PRESS (CHINA)

图书在版编目（CIP）数据

园林史话/杨鸿勋著.—北京：社会科学文献出版社，2012.3
（中国史话）
ISBN 978 - 7 - 5097 - 3077 - 5

Ⅰ.①园… Ⅱ.①杨… Ⅲ.①古典园林 - 历史 - 中国 Ⅳ.①K928.73

中国版本图书馆 CIP 数据核字（2011）第 282402 号

"十二五"国家重点出版规划项目

中国史话·物化历史系列

园林史话

著　　者	/ 杨鸿勋
出 版 人	/ 谢寿光
出 版 者	/ 社会科学文献出版社
地　　址	/ 北京市西城区北三环中路甲 29 号院 3 号楼华龙大厦
邮政编码	/ 100029
责任部门	/ 人文分社　（010）59367215
电子信箱	/ renwen@ ssap. cn
责任编辑	/ 王琛玚
责任校对	/ 黄　丹
责任印制	/ 岳　阳
总 经 销	/ 社会科学文献出版社发行部 　（010）59367081　59367089
读者服务	/ 读者服务中心（010）59367028
印　　装	/ 北京画中画印刷有限公司
开　　本	/ 889mm×1194mm　1/32　印张 / 5.875
版　　次	/ 2012 年 3 月第 1 版　字数 / 116 千字
印　　次	/ 2012 年 3 月第 1 次印刷
书　　号	/ ISBN 978 - 7 - 5097 - 3077 - 5
定　　价	/ 15.00 元

本书如有破损、缺页、装订错误，请与本社读者服务中心联系更换
版权所有 翻印必究

《中国史话》
编辑委员会

主　　任　陈奎元

副 主 任　武　寅

委　　员　（以姓氏笔画为序）
　　　　　卜宪群　王　巍　刘庆柱
　　　　　步　平　张顺洪　张海鹏
　　　　　陈祖武　陈高华　林甘泉
　　　　　耿云志　廖学盛

总 序

中国是一个有着悠久文化历史的古老国度，从传说中的三皇五帝到中华人民共和国的建立，生活在这片土地上的人们从来都没有停止过探寻、创造的脚步。长沙马王堆出土的轻若烟雾、薄如蝉翼的素纱衣向世人昭示着古人在丝绸纺织、制作方面所达到的高度；敦煌莫高窟近五百个洞窟中的两千多尊彩塑雕像和大量的彩绘壁画又向世人显示了古人在雕塑和绘画方面所取得的成绩；还有青铜器、唐三彩、园林建筑、宫殿建筑，以及书法、诗歌、茶道、中医等物质与非物质文化遗产，它们无不向世人展示了中华五千年文化的灿烂与辉煌，展示了中国这一古老国度的魅力与绚烂。这是一份宝贵的遗产，值得我们每一位炎黄子孙珍视。

历史不会永远眷顾任何一个民族或一个国家，当世界进入近代之时，曾经一千多年雄踞世界发展高峰的古老中国，从巅峰跌落。1840年鸦片战争的炮声打破了清帝国"天朝上国"的迷梦，从此中国沦为被列强宰割的羔羊。一个个不平等条约的签订，不仅使中国大量的白银外流，更使中国的领土一步步被列强侵占，国库亏空，民不聊生。东方古国曾经拥有的辉煌，也随着西方列强坚船利炮的袭击而烟消云散，中国一步步堕入了半殖民地的深渊。不甘屈服的中国人民也由此开始了救国救民、富国图强的抗争之路。从洋务运动到维新变法，从太平天国到辛亥革命，从五四运动到中国共产党领导的新民主主义革命，中国人民屡败屡战，终于认识到了"只有社会主义才能救中国，只有社会主义才能发展中国"这一道理。中国共产党领导中国人民推倒三座大山，建立了新中国，从此饱受屈辱与蹂躏的中国人民站起来了。古老的中国焕发出新的生机与活力，摆脱了任人宰割与欺侮的历史，屹立于世界民族之林。每一位中华儿女应当了解中华民族数千年的文明史，也应当牢记鸦片战争以来一百多年民族屈辱的历史。

当我们步入全球化大潮的 21 世纪，信息技术革命迅猛发展，地区之间的交流壁垒被互联网之类的新兴交流工具所打破，世界的多元性展示在世人面前。世界上任何一个区域都不可避免地存在着两种以上文化的交汇与碰撞，但不可否认的是，近些年来，随着市场经济的大潮，西方文化扑面而来，有些人唯西方为时尚，把民族的传统丢在一边。大批年轻人甚至比西方人还热衷于圣诞节、情人节与洋快餐，对我国各民族的重大节日以及中国历史的基本知识却茫然无知，这是中华民族实现复兴大业中的重大忧患。

中国之所以为中国，中华民族之所以历数千年而不分离，根基就在于五千年来一脉相传的中华文明。如果丢弃了千百年来一脉相承的文化，任凭外来文化随意浸染，很难设想13亿中国人到哪里去寻找民族向心力和凝聚力。在推进社会主义现代化、实现民族复兴的伟大事业中，大力弘扬优秀的中华民族文化和民族精神，弘扬中华文化的爱国主义传统和民族自尊意识，在建设中国特色社会主义的进程中，构建具有中国特色的文化价值体系，光大中华民族的优秀传统文化是一件任重而道远的事业。

当前，我国进入了经济体制深刻变革、社会结构深刻变动、利益格局深刻调整、思想观念深刻变化的新的历史时期。面对新的历史任务和来自各方的新挑战，全党和全国人民都需要学习和把握社会主义核心价值体系，进一步形成全社会共同的理想信念和道德规范，打牢全党全国各族人民团结奋斗的思想道德基础，形成全民族奋发向上的精神力量，这是我们建设社会主义和谐社会的思想保证。中国社会科学院作为国家社会科学研究的机构，有责任为此作出贡献。我们在编写出版《中华文明史话》与《百年中国史话》的基础上，组织院内外各研究领域的专家，融合近年来的最新研究，编辑出版大型历史知识系列丛书——《中国史话》，其目的就在于为广大人民群众尤其是青少年提供一套较为完整、准确地介绍中国历史和传统文化的普及类系列丛书，从而使生活在信息时代的人们尤其是青少年能够了解自己祖先的历史，在东西南北文化的交流中由知己到知彼，善于取人之长补己之短，在中国与世界各国愈来愈深的文化交融中，保持自己的本色与特色，将中华民族自强不息、厚德载物的精神永远发扬下去。

《中国史话》系列丛书首批计200种，每种10万字左右，主要从政治、经济、文化、军事、哲学、艺术、科技、饮食、服饰、交通、建筑等各个方面介绍了从古至今数千年来中华文明发展和变迁的历史。这些历史不仅展现了中华五千年文化的辉煌，展现了先民的智慧与创造精神，而且展现了中国人民的不屈与抗争精神。我们衷心地希望这套普及历史知识的丛书对广大人民群众进一步了解中华民族的优秀文化传统，增强民族自尊心和自豪感发挥应有的作用，鼓舞广大人民群众特别是新一代的劳动者和建设者在建设中国特色社会主义的道路上不断阔步前进，为我们祖国美好的未来贡献更大的力量。

陈奎元

2011年4月

⊙杨鸿勋

作者小传

杨鸿勋，1931年生；1951年清华大学建筑学系毕业；任梁思成助手兼研究室秘书及园林研究组组长。1973年入中国科学院考古所，创立建筑考古学。所著《建筑考古学论文集》于2001年被评为"20世纪最佳文博考古图书"第一名；《江南园林论》获第三名；此后出版的《宫殿考古通论》中被台湾学界评为突破历来建筑史研究的"风格类型学"方法，使建筑史学研究达到动态史学的高度。

曾任日本京都大学、台湾大学、台湾成功大学客座教授；现任中国建筑学会建筑史学分会理事长、中国科技史学会建筑史专业委员会主任委员、俄罗斯国家建筑遗产科学院院士、联合国教科文组织顾问。

目 录

引言 ……………………………………………… 1

一 造园的启蒙
　　——重返大自然故乡的狩猎游戏 ………… 4

二 奴隶制王国的苑囿
　　——猎奇集锦式的绿化游乐环境 ………… 6
　1. 考古学揭示 3600 年前的商王宫苑 ……… 6
　2. 殷纣王的鹿台和沙丘苑台 ……………… 8
　3. 周文王的灵囿、灵台、灵沼 …………… 11

三 东周宫苑的代表作
　　——吴王姑苏台 …………………………… 13

四 神仙境界的秦汉宫苑
　　——自然式园林体系的奠基 ……………… 15
　1. 与自然山川相结合的秦始皇新朝宫 …… 15

1

2. 秦朝大地园林化的杰作——空前统一大帝国的国门"碣石门" …………………… 19
3. 秦始皇陵陪葬坑所反映的皇家苑囿 ………… 21
4. 汉武帝时期的上林苑 ………………………… 23
5. 汉武帝甘泉园的土山和铜雕喷泉 …………… 28
6. "积沙为洲屿，激水为波澜"
——两汉南越王宫苑 ……………………… 29
7. 东汉首都洛阳的宫苑 ………………………… 29

五 汉代模拟自然的私家园林 ………………………… 33
1. 西汉袁广汉私园的石山与激流的创作 ……… 33
2. 西汉梁孝王兔园——又一山水园实例 ……… 34
3. 东汉梁冀的私园 ……………………………… 35

六 魏、晋、南北朝时期园林注入了文采 ………… 37
1. 城市宅园的兴起 ……………………………… 38
2. 西晋石崇的别墅庄园——金谷园 …………… 41
3. 东晋谢灵运《山居赋》所反映的
自然审美观和园林情趣 …………………… 42
4. 小中见大——南北朝野趣的文人小园 ……… 44
5. 追求奇趣的北方宫苑 ………………………… 45
6. 纤巧华丽的"金粉六朝"宫廷园林 ………… 49
7. "南朝四百八十寺，多少楼台烟雨中"
——寺院园林的兴起 ……………………… 51

七 隋唐园林的辉煌成就 …………………………… 54
　1. 东都洛阳宏伟的山水园——西苑 …………… 55
　2. 唐长安大明宫 ………………………………… 56
　3. 因沉香亭而出名的"南内"兴庆宫 ………… 58
　4. "温泉水滑洗凝脂"的华清宫 ……………… 60
　5. 仙山楼阁境界的仁寿宫、九成宫 …………… 62
　6. 曲江池 ………………………………………… 65

八 唐代私家"山池院"与太湖石鉴赏 …………… 67
　1. 贵族府邸的"山池院" ……………………… 68
　2. 士大夫官员的宅邸山池院 …………………… 68
　3. 太湖石独立石峰的鉴赏——"以小观大，则天下之理尽矣" ……………………………… 70
　4. 私人庄园、别墅园林 ………………………… 71

九 两宋时代的古典园林体系已臻完善 …………… 74
　1. 宋徽宗参与创作的艮岳——华阳宫 ………… 75
　2. 观看水嬉的金明池 …………………………… 78
　3. 南宋临安宫苑 ………………………………… 81
　4. 发达的宋代私家园林 ………………………… 84

十 辽、金少数民族政权下的园林建设 …………… 88

十一 元大都的大内御苑与明北京的
　　　皇城西苑 ……………………………………… 90

十二　封建社会晚期
　　　　——清朝，皇家园林的创作高峰 …………… 94
　1. "万园之园"圆明园 ………………………… 96
　2. 硕果仅存的颐和园 ………………………… 106
　3. 承德避暑山庄 ……………………………… 113

十三　发达的明、清私家园林 ………………………… 118
　1. 诗情画意的江南园林 ……………………… 119
　2. 端庄凝重的北京宅园 ……………………… 137
　3. 紧密热烈的岭南园林 ……………………… 144
　4. 世界屋脊上的藏族园林——罗布林卡 ……… 150

十四　明、清的寺观园林 ……………………………… 154
　1. 利用自然的北京大觉寺园林 ……………… 156
　2. 北京白云观的道教园林 …………………… 158
　3. 与自然融为一体的园林化古常道观 ……… 160

参考书目 ………………………………………………… 164

引 言

园林——人类出于对大自然的向往而创造的一种具有自然趣味的游憩玩赏的环境，是一种审美享受的对象。在社会财富集中于少数人，广大人民群众食不果腹的情况下，园林是特权阶级的一种奢侈品。历史上，园林只能为富人所占有、所享用。贫无立锥之地或家徒四壁的人们，固然是谈不到园林享受的。即使一般小康之家，又有几多能置备得起园林？过去中国是这样，外国也不例外。对于文明日益发达的21世纪来说，园林享乐已成为广大人民群众生活的必需，各国作为社会福利，都设有各种类型的公共园林；发达国家中，私家园林也有普遍的发展。

世界上各个民族都有对自然美的审美要求，文化发达到一定程度的民族，也都有自己的园林创作。从人类总和来看，人对于自然的向往，基于人类对自然的依附。人类的衣、食、住、行取之于自然界，大自然是人类劳动和思维的对象，人类不能脱离赖以新陈代谢的外部自然界。自然界既是人类的对立面，又是包含人类自身的一个统一体，人类就是客观自然界的一个组成部分。

文明的发展，使人类日益疏远了赖以生存的大自然故乡。当人类社会活动的中心形成了人工的建筑密集的城市，人们便明显地表现出对大自然的眷恋。最初表现为大奴隶主的狩猎———一种并非出于生产目的的重返山林，可谓园林游乐的启蒙。远古的洪荒时代，包藏着毒蛇猛兽、雷电野火的叵测山林，对于人类是可怖的黑暗世界。经过人类世世代代的劳动，付出了巨大的努力和牺牲，大自然对于人类才变得驯顺、美丽而可亲。自然美的享受是人类辛勤劳动的报酬。人类征服了自然，面对青山、碧水、花香、鸟语、芳草、林荫，除了有某种强迫观念的病变者外，恐怕很少有人对自然深恶痛绝。只是由于社会条件的限制，广大人民为糊口而疲于奔命，无由问津罢了，何尝仅是历代富豪才有此雅兴呢！人们对自然，由爱慕而亲和，登山、涉水、泛舟、垂钓、射猎、踏青，沐浴于大自然之中而玩味，而体验。这些非生产目的的湖山活动，不论是体质的锻炼或精神的抒发，实质上成了"人类童年"的回忆，上古旧梦的重温。对于脱离山林的文明人类来说，这已是一种享受。

园林是被人类征服的大自然的缩写。用造园艺术的手段加工或再现的自然风景，是理想化的、蓄以人类生活情趣的园林景象，它潜在地给人以劳动战胜自然的欣慰；并更为直接地给人以如吟诗、读画的赏心悦目的美感享受。不合理的社会，在人类历史的长途中，仅是一个咫尺的里程，它将成为过去，而代之以理想的、科学的福利社会。自然风景和园林艺术终将归还其全体创造者，还诸整个大地，而予以更广阔的发挥。今天，古典园林已成为历史的陈迹，遗留至今的实例是作为中国古代灿烂文明的见证和供鉴赏的文物，它并不是完全适合现代人游览的公园。然而其中蕴藏着的自然美景的构成原则和技巧，则仍然是新园林创作的重要借鉴。这就是我们学习、研究历史园林的依据。换句话说，我们研究历史上曾为少数人服务的园林，其目的不仅是总结人类文化遗产，更重要的是为着现代和未来整个社会园林化生活空间的创造。

一　造园的启蒙
——重返大自然故乡的狩猎游戏

这是一幅带有原始粗犷遗风的狩猎图：在原野、在森林、在山间、在沼泽；猎猎的旌旗摇曳着长长的翎毛飘带，引导着手持长矛、弓箭呼啸着的人群，簇拥着贵族们的战车；战车群的核心便是伫立着华贵装饰的国王的车辆。

原始社会晚期，随着国家的形成，城市日益健全。初期，一国即一城，就是所谓"城邦"。"国"外为"野"，国、野之分即开始了城乡的对立。身居城市的统治者们，脱离山水林木的环境，日益加深对大自然的怀念。

在3000多年以前的殷商（商晚期国都迁"殷"，所以商也称"殷"，或称"殷商"）晚期，尽管已建立了相当发达的农业经济，但统治者们仍然经常进行大规模的田猎活动。这种田猎已不再单纯是为了生产的目的，而是继承他们祖先狩猎和原始游牧习俗的一种游乐消遣方式。安阳小屯殷墟出土的甲骨卜辞中，多有"田猎"的记载。殷王和贵族统治者们的这种田猎活动夜以继日，追逐野兽往往跑到距国都很远的地方，不仅是长途跋涉，而且费时几个月，甚至经年荒废朝政，消耗大量财力、物力。年复一年，终于启示他们寻求一种更加方便的亲近大自然的娱乐方式，这便萌发了创造一个由缭垣围起来的，林木葱郁并蓄有野兽可供射猎游戏的即所谓"囿"的环境。进一步在其中增筑供瞭望观赏与宴饮娱乐休憩的台、榭建筑以及种植名花奇卉和豢养珍禽异兽等；取土筑台同时可形成水池和水渠，又可养殖观赏的鱼类和水生植物以及荡舟游戏。于是作为游乐、观赏之用的"园林"便诞生了。殷纣王的鹿台和沙丘苑台以及周文王的灵囿、灵沼、灵台，可以说是早期皇家园林的代表作。

二 奴隶制王国的苑囿
—— 猎奇集锦式的绿化游乐环境

在原始氏族社会向阶级国家过渡时期，大约已有了专门从事生产的果园和驯养动物的畜栏。传说黄帝时期的"悬圃"，可能就属这类性质。已形成的初期国家——夏，许多情况还不清楚，但根据中国社会科学院考古学所提供的材料，完全可以证实《史记·夏本纪》所载"夏有万邦"、"执玉帛者万国"——许多国家并存。这些"邦"、"国"之间不断进行掠夺财富和奴隶的战争，因此，都设有防御的城池。这便形成了"国"、"野"，也就是雏形城、乡的差别。奴隶主统治者们住在城里，开始脱离自然原野，这便产生了对园林的需求。发展到殷商后期，已完成了专供游乐使用的园林创造，这便是古籍所说的"苑"、"囿"。西汉太史公司马迁所撰写的《史记》是一部相当严肃可靠的历史文献，其中记载了殷、周苑囿的概况。

考古学揭示 3600 年前的商王宫苑

河南省洛阳市偃师遗存大约 3600 年前的早商都城

遗址，在城中王宫后部发现苑囿遗迹（图1）。这是目前所知全世界最早有遗迹可证的园林实例，称得起是"世界之最"。

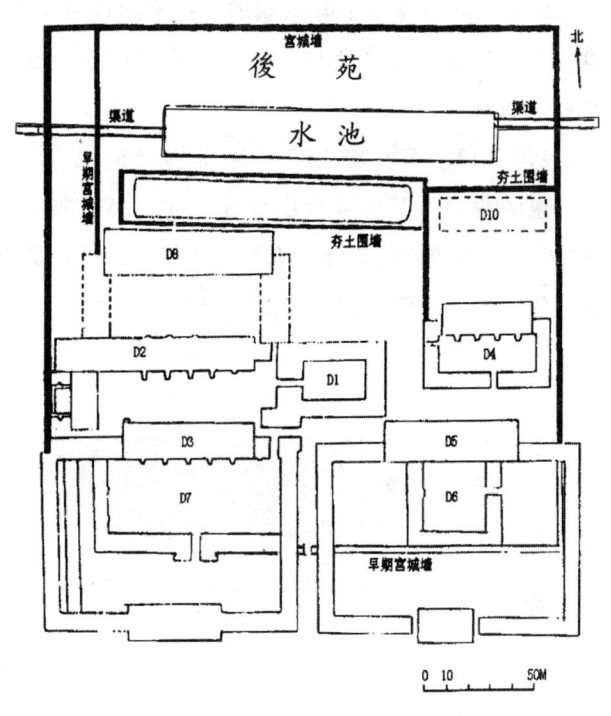

图1　偃师商城内的宫城遗址平面图，其后部为目前所知

这座王宫后院的园林，东西长700多米，与宫城等宽；南北宽200米左右，总平面呈长方形。其中发现一个长方形水池，东西长170米左右，南北宽约20米，深约1.5米。"周承殷制"，这大约就是周朝所谓"灵沼"的祖型。这个池沼岸边是由不规则石块砌成；池东边有一条石砌的进水暗渠，西边有一条石砌的出水暗渠，可知当年池沼是活水。池底和暗渠出土许多

螺壳等贝介类遗骸，还出土汉白玉网坠，这反映了一种王室园居享受方式——捕鱼游乐活动。池边发现建筑遗迹，应是游乐休憩设置。殷商统治者饮酒成风，他们的园林享乐应是离不开豪饮的。在水边设置亭榭，是边欣赏景观边享受刚捕到就烧烤或烹煮鲜鱼美味下酒的宴乐场所。

"灵沼"以北至宫墙之间有30米宽的地段，应是郁郁葱葱的树林，其中或自由放养麋鹿之类的驯顺动物。"灵沼"南边有版筑墙围合的狭长院落，这应即豢养鹿类的圈舍，或即所谓"灵囿"（图2、图3）。

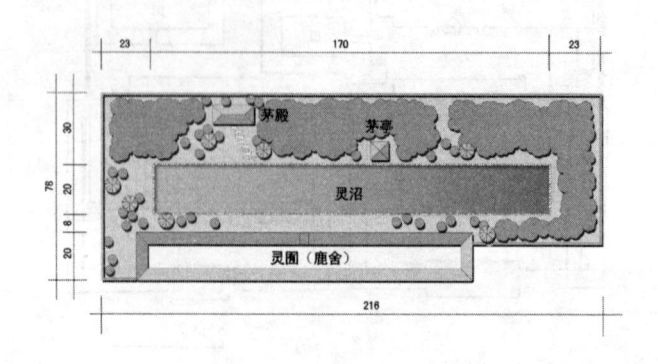

图2 早商苑囿复原平面图

在宫城后院设置园林的这一制度，形成传统一直延续了3000余年直至明、清北京紫禁城中最后边的御苑园，就是现存的一个实例。

② 殷纣王的鹿台和沙丘苑台

公元前12世纪，殷王为了射猎游戏就已经建成

图 3　早商苑囿复原透视图

了种植刍秣之类与豢养动物的"囿",并设有专职官员负责管理。殷王国的最后一位君主——纣王,更是醉心于享乐。他在今河南汤阴建造了"鹿台"离宫,"益收狗马奇物,充牣宫室",又扩建沙丘(今河北邢台)苑台,"多取野兽、蜚鸟置其中"(《史记·殷本纪》)。殷商统治者嗜酒成性,纣王更是酗酒无度的酒徒,《史记·殷本纪》说他"大取乐戏于沙丘,以酒为池、悬肉如林;使男女裸,相逐其间"。这足以说明当时的苑囿具备游乐、观赏、宴饮的园林功能,只是景观形式还欠健全。当时的园林景象大约以自然林木为主,再加以人工种植的果树和花木;为了取土筑台,很自然地促成了河渠与池塘水体的创作。河、池不仅可以提供水景及对游鱼、水禽、涉禽的观赏,同时也为荡舟游戏和植物灌溉提供了方便的条件。

从"鹿台"、"沙丘"(沙丘有苑台)的名称可知,这些园林中都有台、丘之类高起的构筑物。从战国中山王陵出土的铜板《兆域图》铭文知道，在先秦以前人工所筑的整形的台也叫做丘。登台居高临下，有辽阔的视野，既便于仰视天穹，又利于俯瞰大地。在园林中筑台，不仅适于观赏园景，而且夏季消暑更是风凉宜人。汉人刘向记述殷纣王所筑的鹿台是："七年而成，其大三里，高千尺，临望云雨"（《新序·刺奢》）。

筑台的历史，渊源久远。已发现若干原始社会晚期，诸如辽宁大凌河流域的红山文化、江南太湖流域的良渚文化等不同地区和不同文化类型的台、坛遗迹，较早的可到5500年前左右。当时的人们没有科学知识，面对大自然无能为力，只是俯首任其主宰存亡。所以将天体和大地的自然现象视为神明，是非常敬畏和崇拜的，所以当时构筑的台都和原始信仰有关。巍峨高耸的山，是大地与天最接近的地方，同时，"山林、川谷、丘陵能出云，为风雨，见怪物，皆曰神"（《礼记·祭法》）。于是它成为神秘的圣地，受崇拜的对象。奴隶制国家初期，继承了原始先民们崇拜山岳的习俗，进而形成大奴隶主——天子（天的儿子）对之顶礼膜拜的国家礼仪。辽宁省凌源县牛河梁遗存的红山文化的台（坛），是在山地环境依地势修筑祭祀活动使用的一种场地，在其他地方也遗存有平地筑起的台，例如杭嘉湖一带良渚文化的台，这些已成为山岳的象征。发展到殷商时代，除保留有宗教祭祀使用的台、坛之外，在宫廷苑囿中建筑高大的台，已不再是为了祭祀活动，而演变成为一种游览休憩的园林设置。

当时还没有发明用来包砌台壁的砖，为了保护层层土台壁面不受雨淋损坏，在每层方台的四面都建起檐廊，所以高台看起来俨然一座层叠高起的楼阁，十分壮丽。有的在台顶还建造宫殿，即所谓"榭"。所以这种高台建筑也叫做台榭建筑。当时所创造的象形文字（墉），正是围绕中央夯土墩四周建屋的"台"、"榭"的抽象写照。20世纪70年代在郑州市内的商城遗址发掘了一座台榭建筑残迹，完全证实了殷商已有台、榭的推断。

3 周文王的灵囿、灵台、灵沼

公元前10世纪，西周文王想要建造一处供自己游玩的园林，地址选在距他的国都镐京（今陕西省长安县以西20公里左右的地方）不远的地方。在方圆70里的土地上，集中了大批的被称作"臣"和"民"的奴隶，他们使用粗笨的原始工具，每天不停地挖土、运输和夯筑，终于在他们的手下一座被称为"灵台"的巍峨高台筑成了；同时取土形成了一个幅员广大的水池——灵沼。灵沼里蓄养许多各种各样的鱼；在被称作"灵囿"的环境里，还放养了禽鸟和麋鹿等驯顺动物。

周文王鉴于殷纣王过分的奢侈，招致民怨而亡国，所以他的灵台没有鹿台那么高大。后人著述说它"高二丈，周围百二十步"（《三辅黄图》）。大约是8米高度，大概分作三层叠起。文王被侍从们簇拥着登上这座灵台，仰观浮云、飞鸟，远眺山河美景，俯瞰园内风光，顿觉心旷神怡。文王来到灵沼，观赏水中游鱼追逐嬉戏；来到灵囿，麋鹿之类动物驯顺地接受他的抚摸。奴隶们的劳动，创造了如此美妙的人间乐园。《诗经·大雅》上收录有歌颂这件事的诗篇。

　　西周时期的王家园林——苑囿，无论在形式和规模上都比殷商有发展，《周礼·地官》记载周朝王家园林的管理说："天子之囿……中士四人、下士八人、府二人、胥八人、徒八十人。掌囿游之兽禁，牧百兽祭礼，表纪宾客……"专职的管理官员和工人有上百人之多。他们分工负责掌管动物饲养、植物栽培与收获以及典礼宴会等苑囿事务。《孟子》说："文王之囿，方七十里"；"刍荛者往焉，雉兔者往焉，与民国之"。这样大的王家苑囿允许老百姓进入挖野菜、打柴草和捕猎野鸡、兔子之类。这样看来，周文王确实还是比较开明的统治者。

　　商、周时期的苑囿还处在园林发展的初期阶段，就造园艺术来说，自然还是很不成熟的。就造园思想而论，则是以崇拜自然、追求自然为基础。其表现是，在模拟一个狩猎游戏的自然环境里，集中一些珍奇动、植物，兼作集锦式的猎奇鉴赏，园林景象还谈不上表现统一主题的有机艺术结构。然而苑囿中必设高台，以代替接天地的山；筑台必取土而成池，所以这便蕴含了未来发展成山水园的基因。

三 东周宫苑的代表作

——吴王姑苏台

周王室东迁到洛阳以后,进入历史上所谓的东周时期。这时王权日益衰落,各诸侯国势力增强,不再遵守周王朝的礼法,大国君主甚至称王。诸侯之间战争不断,大国兼并小国,势力日益强大。东周的前期——春秋时期,列国诸侯都讲园林享乐,以"高台榭,美宫室"的苑囿竞相夸耀。到战国时期,这种风气盛极一时。

当时的宫廷园林继承了以台为主体的传统,许多园林都是以"台"来命名的。这时的多层高台,大多是台顶建有殿堂的"榭"的形式。由于有了宫室,在台上不仅是眺望观赏和一般的玩乐,还可以供起居使用。在战争频繁的年代,高台具有一定的防御功能,居住在上面增加了安全感。另外,战国时期神仙思想形成,神仙家方士大力宣扬凌空缥缈的神仙境界,这便成为醉心于逍遥享乐的统治者们所追求的理想生活环境。神仙思想成为这一时期宫廷园林创作的主导思想。它首先体现在早期山岳崇拜思想指导下所创造的台榭建筑之中，从而使台榭有了极大的发展。

　　春秋、战国时期，各国都有台榭建筑，吴王夫差的姑苏台、楚灵王的章华台都是最有名的代表作。吴王夫差在苏州灵岩山建造的以姑苏台为主体的苑囿，曲折蔓延几里地的范围。《述异记》描述："吴王夫差筑姑苏台，三年乃成，周旋诘曲，横亘五里，崇饬土木，殚耗人力。宫妓千人；上别立春霄宫，为长夜之饮，造千石酒钟。"除了姑苏台之外，《述异记》还记载："夫差作天池，池中造青龙舟，舟中盛陈妓乐，日与西施为水嬉。"此外还建造了海灵馆、馆娃阁等，挂在这些建筑墙上的帷幕和窗帘，都是采用金光灿灿的铜勾，用玉石做的门槛；柱子、栏杆都用珍珠和玉石装饰起来，十分华丽。这些离宫苑囿，已经很明显地表现出以观赏游乐为目的的园林艺术的修饰观点和相当高超的技术水平。

　　从孔夫子所说"为山九仞，功亏一篑"的话来看，很可能春秋时期已有了人工堆筑土山的创造。

四 神仙境界的秦汉宫苑
——自然式园林体系的奠基

1 与自然山川相结合的秦始皇新朝宫

公元前221年，秦统一中国以后，综合吸收了六国的造园经验，使战国时期借自然风景营建离宫苑囿的做法，得到进一步的充实和发挥。

秦始皇首次真正实现了"普天之下莫非王土，率土之滨莫非王臣"的一统天下的理想。反映在国都和宫苑建设上，则表现为扩大化。他对原有秦孝公所奠定的渭河北岸的国都咸阳，感到和新的统一大帝国不相称了。国都规模的扩大不仅是意识形态的反映，也是始皇帝出于政治和经济的考虑。他下令"徙天下豪富于咸阳十二万户"，建设近畿地区的陵邑，同时扩建咸阳城市到渭河南岸；继之制订了秦帝国新朝宫的规划——自渭南直抵南山，横跨周朝的丰、镐二京地区。园林思想也有很大的发挥，形成了与大地山川相结合的园林化宫殿群落的概念。秦帝国宫苑建设规模之大是空前的，在秦统一中国的15年中，建设与自然形势相结合的宫殿群落竟达几百处之多，仅咸阳（见图4）附近就有200余处。《历代宅京记》描述：从首都咸阳往北到九嵕、甘泉，往南到鄠、杜，东至黄河，西至汧、渭两河的汇合处。东西800里，南北400里，离宫别馆弥山跨谷，辇道相连。梁、柱等木结构都披上锦绣绸缎，土墙也都用朱紫彩绘起来或挂漂亮的帷幕，每座宫殿都有宫女和乐队。

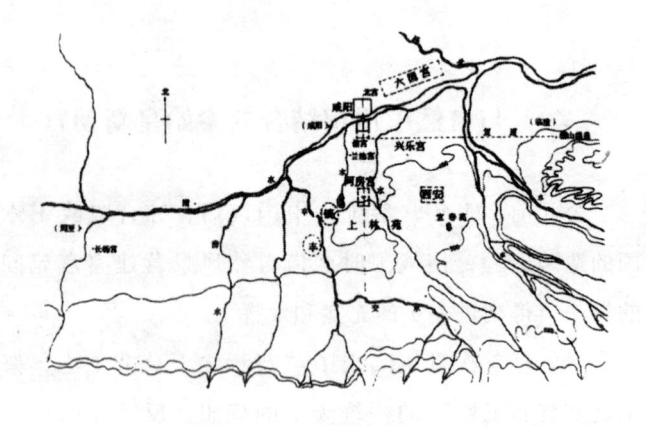

图4 秦都咸阳形势图

在统一中国的战争年代，秦始皇每灭一国，便在咸阳北坂宫殿区仿建一座该国的宫殿，六个大国都被他消灭之后，便建成了有名的"六国宫殿"。完成统一大业之后，又在渭河以南建信宫作为朝宫，在北坂上建北宫作为正寝。不久，"更名信宫为极庙，象天极"。自极庙向东修建复道通向骊山北麓的温泉宫，又建甘泉宫，"筑甬道，自咸阳属之"。始皇帝三十五年（前212），进一步扩大上林苑，在极庙向南延伸的中轴线上，建设更大规模的主体宫殿区——朝宫。

据《史记·秦始皇本纪》载:"秦始皇营作朝宫,渭南上林苑中。先作前殿'阿房',东西五百步,南北五十丈,上可以坐万人,下可以建五丈旗。周驰为阁道,自殿下直抵南山。表南之巅以为阙。为复道,自阿房渡渭,属之咸阳,以象天极,阁道绝汉抵营室也。"新建的规模宏大的新朝宫,施工中尚未命名,其前殿叫做"阿房",只是工程代号。前殿是因借一个土岗筑台,当时岗旁有一村落,名曰"阿房"。"阿"有"岗坡"的意思,"房"与"旁"相通,"阿房"就是"岗的旁边",于是施工中的这座巨大的前殿就以村子的名字暂称为"阿房"了。"覆压三百余里"的新朝宫,直至秦亡也没完全建造起来,所以没有正式命名。后来人们就以"阿房宫"来称呼朝宫了。

1994年,西安文物考古部门完成了朝宫全区的普查,共探出完整夯土基址13处,残缺基址5处;高出现地面7~9米的前殿阿房夯土大台,埋藏在现地面下的实际底盘范围东西1320米、南北420米;殿前有一宽50米、长770米的广场,广场南沿有四条甬道向南延伸。《史记》说阿房中轴线向南直达终南山仿佛宫廷门阙的两峰之间,两峰上很可能相对称各立一阙。中轴线向北,建阁道跨渭河与咸阳相连,同时"因北陵营殿,端门四达,以制紫宫,象帝居。渭水贯都,以象天汉。横桥南渡,以法牵牛"(《三辅黄图》)。这样,就把人工的宫殿群落与自然形势结合起来,从而加强了朝宫的气势和排场。唐人杜牧写《阿房宫赋》,形容这座庞大的园林化宫殿群落是:"覆压三百余里,隔离天日,骊山北构而西折,直走咸阳。二川溶溶,流入宫墙。五步一楼,十步一阁,廊腰漫回,檐牙高啄,各抱地势,勾心斗角。盘盘焉,囷囷焉,蜂房水涡,矗立不知其几千万落。长桥卧波,未云何龙?复道行空,不霁何虹?高低冥迷,不知西东……"这种结合山川自然形胜的建筑经营原理和手法奠定了风景区园林规划设计的基本模式。这一规划中,象征的天极、营室、紫宫、天汉、牵牛等,都是天象星宿名称。以天体对应帝都和宫苑的布局,体现了"天人合一"的思想,也表明了秦始皇所居住的是天上神仙的环境。秦始皇幻想永远不死,常享荣华富贵,曾多次派遣方士寻求长生不老之药。在宫廷建设方面,方士们为迎合他的这种心态,解说神仙来无影去无踪,飘忽不定,建议在各个宫殿群落之间以遮掩起来的阁道或架空的复道相连,秦始皇车辇及侍从仪仗从中来往于各宫观之间,外人无法看到他的行踪。这不但满足了他模仿神仙生活的追求,更为重要的是,达到他保安防御的目的。从他建设新朝宫安置有"磁石门"以检查入宫的人员是否带有武器,就可以知道这位大独裁者严加防范的警觉心态。

由于秦始皇的崇信,神仙境界成为秦朝宫苑创作的主题。当时在上林苑内的兰池宫,创作了模拟东海神山的典型景象。兰池宫在信宫以南,蠡水以东。宫内就低地挖掘了一个"东西二百丈、南北二十里"(《元和郡县图志》)、引渭水而成的"长池"(《三秦记》),池水中"刻石为鲸鱼,长二百丈",作为象征东海的点题;池中筑岛——东海、神山,以象征蓬莱、瀛洲。这种景象成为此后两千年，延续至封建社会晚期宫廷园林景象的典型结构；同时，这种山水相结合的模式，也为后来模拟湖山风景的创作打下了基础。秦代匠师们对于自然风景的艺术加工，已经有了一定的经验与见解——利用自然形势，进行重点加工，赋予客观自然风景以明确的主题思想，这是中国古代园林发展过程中的一个重要的里程碑。尽管工程浩大的上林苑朝宫还没有完全建成秦就亡国了，但它对后世宫苑建筑的影响却是相当大的。到了汉代，这种风景区宫苑又有了新的发展，并进一步在风景区艺术加工的经验基础上，开始了大规模的人工模仿自然的景象创作。

② 秦朝大地园林化的杰作——空前统一大帝国的国门"碣石门"

在山海关外不远的地方——辽宁省锦西市绥中县渤海边的墙子里村的石碑地，海中有高24米的海蚀柱孑然而立，它便是地方志所记的"姜女石"，也就是民间传说的"姜女坟"。

经考察，这海蚀柱和秦始皇有关。原来24米高的海蚀柱旁边的三块巨石，在秦时也是一个类似高度的海蚀柱。就是说，它们原是海中对峙而立的天然双阙。考古发现，海岸上正对这天然双阙的中央轴线遗存一座40米见方的夯土台秦朝宫殿残迹。这是秦始皇统一全国后，在其帝国东部海疆所建的"碣石宫"的主体殿堂，它正对海中孑然而立的两个海蚀柱之间，这一双海石蚀柱便是《史记》所载的秦帝国面向东海的"国门"——"碣石门"。

秦碣石宫主体建筑群是一座宫城,已查明全城有15万平方米。以宫城为主体,在沿海14平方公里的范围内,还布置有许多建筑群落。利用西侧2公里处的岬角"黑山头",建有西阙楼(遗址已发掘并完成复原研究)。在相对应的东侧长岬止锚湾"红石砬子"上发现东阙残迹。宫城以北"瓦碴地"遗址,原为禁军驻地营房。秦代宫廷建筑着重于人工环境与自然环境相融合的大环境设计,这正是现代国际上流行的新设计思想,中国在两千多年以前就已经形成并已经有了许多创作经验,在秦代的大咸阳规划中,便是这样处理的。秦都咸阳所建朝宫,前殿阿房中轴向南,直抵南山,与其峰峦构成有机整体,是所谓"表南山之巅以为阙"。这里,表达"普天之下莫非王土,率士之宾莫非王臣"的思想,在东海国土尽端设置礼仪性的"碣石宫",并借东海碣石以为阙,构成了帝国的"国门",这同样是一个人工环境与自然环境相融合的大环境设计。为了加强海上天然"碣石门"与海岸上人工的"碣石宫"之间的有机联系,沿着中轴线在海面上用毛石铺砌了一条甬道,直达碣石门,这是大地园林化的大手笔的杰作(见图5)。

从所掌握的考古材料推测,碣石宫的范围大约横跨现在的河北、辽宁二省的沿海地带。河北秦皇岛市(以秦始皇命名的城市)北戴河区的金山咀、横山遗址,就是当时碣石宫的一体工程。

秦帝国东海疆的国门"碣石门"和幅员辽阔的

图5 秦东海碣石门复原图

图6 秦东海碣石宫主体部分复原透视图

"碣石宫",可以说是秦帝国大统一的象征,也是中华民族大统一的象征,它们具有永恒的历史意义。

秦始皇陵陪葬坑所反映的皇室苑囿

位于西安临潼骊山脚下的秦始皇帝陵——史称"骊山园",共有内、中、外三重宫垣。中宫垣(田野报告误作"外城")以外、外宫垣以内,发现兵马俑等众多陪葬坑,其中有象征宫廷苑囿的陪葬坑,里面有象征河渠溪流的石砌水渠(图7),渠中及其两岸摆放许多青铜雁、鸭、鹤等水禽(图8)。当时相信灵魂不

图7　秦陵象征苑囿的动物陪葬坑——水渠中的青铜天鹅

图8　秦陵象征苑囿的动物陪葬坑
——水渠中的青铜丹顶鹤

死，"事死如事生"，这个陪葬坑反映的就是宫廷苑囿，供死者在另一个世界中继续观赏享受。这就是说，这个陪葬坑反映了秦朝皇家园林的实际情况。据此结合文献推测，秦朝宫苑中不仅有水渠禽鸟，还应有大水面的池沼。此前的周朝就已经有了所谓"灵台、灵沼、灵囿"之类的景观，则秦朝宫苑也会有池沼之类的大型水面，以及林木间自由放养的驯顺动物，如麋鹿之类。从先秦文献中"为山九仞"的记载，可以推测用挖池的土堆筑土山的景观也应该已经形成。

4 汉武帝时期的上林苑

公元前206年，刘邦建立了汉朝，国都选址在被毁的秦都咸阳的东南、渭水南岸，命名为"长安"。它和后来汉朝中兴定都的洛阳相比，地理位置在西部，所以史学家把它称作"西汉"；中兴的后汉，称为"东汉"。

西汉建国初期，鉴于秦朝浪费人力、财力，大兴土木所招致的民怨，所以宫苑建设不多。经过"文景之治"，在汉朝政权已相当巩固的基础上，武帝开始了大规模的宫苑建设。武帝不顾大臣的劝阻，于建元三年（前138）广占关中良田，将秦朝上林苑扩大到周围缭墙400余里，即现在150公里左右长的范围，共设12座苑门。《三辅黄图》记载，西汉的上林苑"东南至蓝田、宜春、鼎湖、御宿、昆吾、旁南山而西，至长杨、五柞，北绕黄山，濒渭水而东"。按现在的地理区划，即南到终南山，北沿九嵕山与渭河南岸，地跨西安市和咸宁、周至、户县、蓝田四县，成为中国历史上空前绝后、规模最大的皇家园林。

上林苑的自然山水形胜很有气势，南有终南山北麓山林，北有九嵕山南麓山林，其中辽阔腹地的平原和丘陵之间，蜿蜒流过灞、浐、泾、渭、酆、鄗、潦、潏等所谓"关中八水"，即司马相如《上林赋》中所说的"荡荡乎八川分流"。此外，还有初池、麋池、牛首池等十处天然湖沼。另外还有人工做成的大水面，最有名的为：昆明池、太液池、琳池、娥影池。

昆明池在长安西南方，史籍记载周围40里，是武帝元狩三年（前120）挖成的，现在仍然有大约150公顷的洼地遗迹可寻。《汉书·食货志》记载，昆明池是为准备讨伐昆明国进行水战而操练水军战船之用的。在这个大人工湖中建有豫章台，作为武帝检阅操练的水军和观赏宫女们泛舟歌唱以及游乐的地方。昆明池水面辽阔，有时风浪很大。武帝宠妃赵飞燕体态娇小轻盈，风浪大时荡舟游览，竟要身系船上，以免跌落水中。在辽阔的水面上，还效仿秦代兰池宫的做法，在水上半隐半现地设置了三丈长的石刻鲸鱼，造型非常生动，文献记载"每至雷雨，常鸣吼，鬣尾皆动"。赵飞燕看了非常害怕，武帝便下令去掉了。利用雕刻造型衬托水景的思想内涵，在西汉又有进一步的发展。《关中古语》说："昆明池中有二石人：立牵牛、织女于池之东、西，以象天河"。这两座石雕像一直保存至今，当地农民把它们叫做"石公"、"石婆"，在20世纪50年代还烧香膜拜，视若神明（见图9）。

牵牛（星座）　　　　　织女（星座）

图9　西汉上林苑昆明池东、西所立的牵牛、织女石雕像

秦代创造了用石雕鲸鱼衬托水景是"东海"；西汉用牵牛、织女石雕像作为天上"银河"、"天汉"水体的点题。建章宫的凤阙顶上安置铜凤雕刻作为建筑的点题；神明台上置铜仙人舒掌捧带玉环的铜承露盘，以承云表之露，构成神明台的主题。

水上游玩的工具除了东周已有的龙首船外，还制造了可乘万人的"豫章大船"，船上建有宫室，简直是一个飘浮的人工岛和一座"海市蜃楼"。

昆明池所养的鱼，除了用作陵寝祭享的供品，还可供给长安宫廷食用。

昆明池不仅是一个供观赏和游乐的园林景象，同时它还汇集了南部山区的水，是一个大水库。《雍录》说："武帝作石闼堰，堰交水为池。昆明基高故其下流，可壅激为都城之用，于是并成三脉，城内外皆赖之。"

在建章宫内做成的太液池，池上筑有传说中的蓬莱、方丈、瀛洲三神仙岛，是一个典型的仙境作品。这种"一池三山"的景象，不仅成为后世宫苑的典范，而且影响波及日本。太液池这一广阔水面的创作，也是有模仿自然风景的矶滩之类，岸边种雕胡、紫萚、绿节之类，水面还有荷花、菱荗等点缀水景的植物配置。岸边、矶、滩上还有成群的凫雏、雁子、鹈鹕、鹧鸪、鸡鹊之水禽、涉禽的安排。

娥影池一处又名眺蟾宫，筑有望鹄台，主要用于赏月。

琳池南岸筑有桂台，池中筑有商台，是眺远的胜地。这里特殊的是，用文梓木做成的船身、木兰木做成的船柁，船头装饰着木雕的飞燕、翔鹢的轻舟，皇帝可以观赏宫女们乘舟随风荡漾嬉戏。

上林苑继承商、周集锦鉴赏的做法，苑中广植四方的名贵植物和豢养珍奇动物。文献记载上林苑的植物品种达98种之多，特别是"千年长生树"、"万年长生树"、"安石榴"、甘蕉、槟榔、橄榄、荔枝、龙眼等，都是从遥远的南方和西域国家引进的。上林苑也可以算作一个植物园了。从远方异域移来的植物，由于气候、土壤等条件不同而很难成活。例如从交趾（今越南）移植的100棵荔枝树，竟没有一棵成活的。虽然连年枯死，但还连年移植，偶尔成活了一棵，也不开花、结果，后来还是枯死了。

由于武帝非常钟爱它，致使负责管理荔枝树的官吏和花匠被处死。苑内蓄养的动物也有几百种，如鹿、兔之类是自由放养的，专供皇帝秋冬射猎以及宴会和祭祀之用。《汉官旧仪》记载，每次宫廷宴会或祭祀，都从上林苑中提取 1000 只鹿和无数的野兔。苑内还有一些珍奇动物，除了来自国内的虎、狼之外，还有来自外国的诸如九真之麟、大宛之马、黄支之犀、条支之鸟等以及猩猩和宫狻猊（狮子），这些动物都是供观赏的。可以说，上林苑是一座皇家狩猎园，同时又是一座动物园。

上林苑中建有大量宫室台观等建筑，主要有 12 个大群落。这些都是和山水、花木相结合的重点经营的园林环境。其中以建章宫的规模为最大，此宫构筑的井干楼、神明台都高达 50 丈；几座宫观阙楼上都安置有金光灿烂的铜凤凰，可以迎风转动。

上林苑的西、北部还有御马厩"三十六苑"，"宦官、奴婢三万人，养马三十万匹"（《三辅黄图》）。

苑内还有许多皇家手工业作坊，生产宫廷的日用器皿以及装饰、陈设等工艺品。工艺品有玉器、牙器、骨器、竹器、漆器、陶器以至编席、织锦等等。苑内甚至还有铜矿的开采和冶炼，铸造各种铜器。至于果园、蔬圃和鸡、鸭、鹅类禽蛋以及猪、牛、羊等家畜肉类的养殖就更不用说了。另外，苑内有肥沃的耕地，当然还有粮食的生产。

总的说，上林苑完全继承了秦制，是朝廷政务、玩赏与生产三者相结合的幅员辽阔的苑囿。

5 汉武帝甘泉园的土山和铜雕喷泉

西汉武帝建造的甘泉园内,有楼台殿阁百余所,有名的仙人观、石阙观都建在这里;昆明、昆灵等大水面,也属于这座园林。据《汉官典职》记载:"宫内苑聚土为山,十里九坂。种奇树,育麋鹿、麑、麂,鸟兽百种。激上河水,铜龙吐水,铜仙人衔杯受水下注"。这是目前所知中国造园史上大型土山的首创,也是雕刻喷泉的最早实例(见图10)。

图10 元代永乐宫壁画所示龙雕喷泉

6 "积沙为洲屿,激水为波澜"
——西汉南越王宫苑

秦完成统一大业之后,其势力直达岭南。朝廷派遣驻守南海疆的大将赵佗,于秦亡后雄霸一方,终于称王,自立南越国。

南越国的都城番禺,就在今天的广州市区,王宫位于现在的儿童公园一带。20世纪70年代,首先考古发掘了宫廷园林中的一座殿堂。当时正值"文革"的"评法批儒"高潮,为迎合当时所谓"法家发展生产力"、"秦始皇是最大的法家",遂将这一园林建筑定性为"秦代造船工场"。打倒"四人帮"后,继续发掘了建筑周边的大池沼(65米×85米的矩形)、叠水曲溪、沙洲以及重阁、水榭、修廊等园林建筑遗迹,并伴出若干巨龟遗骸,完全符合文献关于西汉大型园林景象的记载(图11)。《西京杂记》载有"茂陵富人袁广汉……于北邙山下筑园……珍禽异兽委积其间,积沙为洲屿,激水为波澜……延蔓等地,奇树异草靡不具植。屋皆徘徊连属,重阁修廊……"这在岭南的南越国宫苑景象几乎与这一记载完全相同,既给我们提供了这种园林类型的实证(图12、图13),同时反映了南越与汉都城所在的文化中心具有密切的联系。

7 东汉首都洛阳的宫苑

公元9年王莽篡汉,改国号为"新"。公元25年

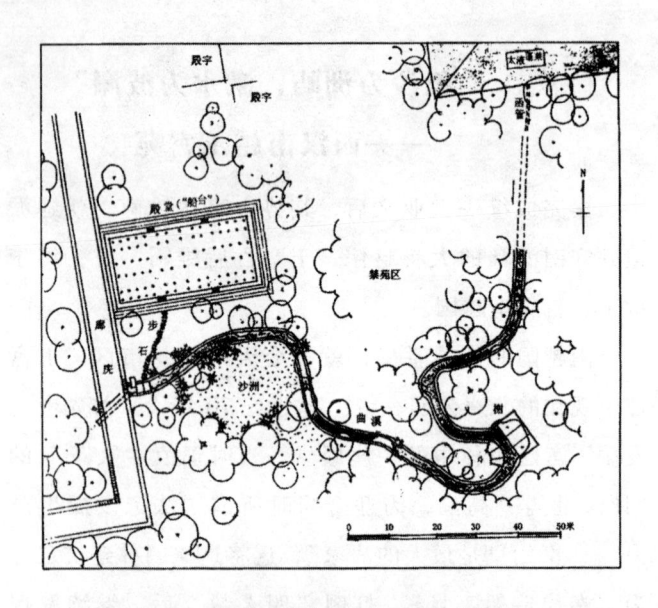

图11　南越王宫苑复原平面图（局部）

图12　南越王宫苑复原透视图

汉室宗亲刘秀推翻王莽，恢复了汉朝的政权，登基为光武帝，定都洛阳（今河南省洛阳市）。

东汉时期的宫苑，开始逐渐与朝廷政务和生产功能相分离，而成为相对独立的游乐性园林，间或还有

图13　南越王宫苑曲溪叠水复原图

一些离宫的性质。

洛阳城内的宫苑主要有四处：北宫以北的濯龙园、东城的永安宫、西城的西园和南宫西南方的直里园（又称南园）。城外近郊的行宫御苑，见于古籍记载的有九处：上林苑、广成苑、平乐苑、西苑、罼圭灵昆苑、显阳苑、鸿池、鸿德苑和光风园。

张衡在《东京赋》中描写濯龙园的景象，大意是：

　　濯龙园里美丽的森林，
　　九条山谷、八处溪声。
　　荷花覆盖着水面，

四　神仙境界的秦汉宫苑

秋兰装点着悬崖。

赋中描写永安宫的景象，译成现代汉语就是：

永安离宫，有修竹、冬青；
绿荫笼罩着池塘和幽静的流水，
深沉的泉水甘冽醇清。
鹎鸥秋天栖息，鹁鹎春日啼鸣；
鸤鸠、鹂黄也唱个不停。

西园的水渠中植有从南方引种的"夜舒莲"；水渠象征河流，还可划船顺流而下。"裸游馆"则是一座类似罗马宫廷的室内浴场，用阿拉伯进口的茵墀香煮水，供宫女们裸浴游戏。更换浴后的池水，经"流香渠"排放到园林里。从这里看出了当时发达的对外交通所产生的文化交流的影响。

五 汉代模拟自然的私家园林

西汉时期，在宫廷园林发展的同时，皇亲国戚、士大夫、官僚和富豪大贾的私家园林也开始兴起。从关于西汉大儒董仲舒"下帷读书，三年不窥园"的记载看，当时的士大夫阶层已经有了自己的园林。士大夫、官僚的私家园林一般占地面积不大，皇亲贵族和富豪的园林占地则大一些。不论大小，这些私家园林景象的创作都有新的开拓。它们追求自然美的意识加强，出现了描写自然山水美景的作品，尽管有时也效仿宫苑，采取仙境的主题和猎奇集锦的做法。

西汉袁广汉私园的石山与激流的创作

《西京杂记》记载："茂陵富人袁广汉，藏镪巨万，家僮八九百人。于北邙山下筑园，东西四里，南北五里。激水注其内；构石为山，高十余丈，连延数里。养白鹦鹉、紫鸳鸯、牦牛、青兕，珍禽异兽委积其间。积沙为洲屿，激水为波澜。其中致江鸥、海鹤孕雏、产鷇，延蔓林池。奇树异草，靡不具植。屋皆徘徊连属，重阁、修廊，行之移咎不能遍也。"

这里"构石为山"，是见于记载的最早的石山创作。这座石山"高十余丈，连延数里"，折合现在的度量标准，大约有40米高，几公里长。说明初创时期模拟山水的自然主义倾向。这座园林另一个特别值得注意之处是水的处理，即"激水为波澜"。园林里水有动、静之分，以前的大型水面都是静态的，这里利用落差形成流水，并在水流中布置自然石块，使其造成发出淙淙天籁之音的波澜。这种有色有声的景象处理，产生触动视听的双重园林效果。这种天才的创作，出现在2000多年前的造园初期，真是难能可贵的。

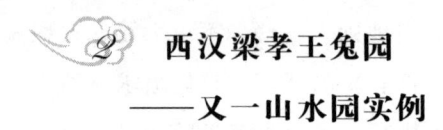

② 西汉梁孝王兔园
——又一山水园实例

分封在河南淮阳一带的皇亲——西汉文帝的第四个儿子梁孝王，建造王宫东苑，占地方圆300多里。建造许多宫室，用架空的复道连接，从王宫开始连接到平台，有30多里（《汉书·梁孝王传》）。东苑中有一个"兔园"，也叫做"梁园"，"园中有百灵山，山有肤寸石、落猿岩、栖龙岫。又有雁池，池间有鹤洲、凫渚。其诸宫观相连，延亘数十里。奇果异树、瑰禽怪兽毕备。王日与宫人、宾客弋钓其中"（《西京杂记》）。这座园林人工创造山水风景，也是有岩、岫、洲、渚等多种景象。

3 东汉梁冀的私园

东汉桓帝时期，大将军梁冀在洛阳（现河南省洛阳市东郊）建造豪华的宅邸，"又广开园囿，采土筑山，十里九坂，以像二崤。深林绝涧，有若自然。奇禽驯兽，飞走其间"，也是一派自然景象。此外，他还建造规模更大的林苑，其范围，西边到弘农，东面到荥阳，南面到鲁阳，北边到达黄河与琪县。这中间包含了平原和山地丘陵，圈占土地之广，如同王家禁苑。《后汉书·梁统列传》说："周旋封域，殆将千里"——圈占的领地，几乎有1000里地。

梁冀又在河南城（现洛阳市西郊）圈占土地几十里，派遣军队的士兵和犯人为他建造"兔园"，好几年才建成。他下命令：凡管区之内都要把毛兔交到兔园养殖，剪毛供纺织之用，有违反命令的，可以处死。看来，他的这个庞大的"兔园"，是为其毛纺作坊提供原料的毛兔养殖场，是个生产性园地。

汉代是造园史上承前启后的一个重要时期，中国自然景象园林体系就是在此时定型的。

汉代的造园家们在山、水、建筑、雕刻艺术以及动、植物处理方面，都作出了杰出的贡献。

中国园林作山，大约开始于春秋时期，当时所作的只是堆土成山，有所谓"为山九仞"之说。秦始皇作兰池宫中长池，筑有蓬莱山，也是用土夯筑的，可能略加石块以巩固这座岛山的周边。到了汉代，不但出现了土山配以叠石来构成涧、岫之类景象，而且袁广汉园中还完成了石山的创作。

汉代的造园家们对"水"这一造园材料的运用，已有了一定的指导思想和处理技巧。他们在模拟自然的思想指导下，创作了多种不同风景特征的水型。尤其是袁广汉园中伴有声响效果的"激水为波澜"的创作，和伴有水禽点缀的沙石洲滩创作，以及建章宫里与铜雕像相结合的层层叠落的喷泉创作，都是永垂园林史册的范例。

秦朝曾收缴全国民间的武器铸成12座高大的人像，布置在宫殿前的两侧，起到加强威慑力量的仪仗作用。雕刻之用于园林中，作为景象艺术的组成部分，则首先是秦朝兰池宫中水面布置的巨大鲸鱼石刻。汉武帝上林苑昆明池中象征牵牛、织女二星座的石刻人像，是进一步的发挥。太液池中的鱼、龙及各种奇禽异兽之类的铜雕刻，建章宫中手擎承露盘的铜仙人雕像，宫阙上迎风转动的铜凤凰雕刻等，都加强了造园的综合艺术特点，是对园林艺术的丰富和发展。

在园林工程技术方面，大量土、石方的挖掘、起重、运输；宫室壁炉、地炕等采暖，冰室降温；用草药香料处理宫室及浴池以除虫害；高大建筑、水中建筑的基础加固和结构、构造；喷泉、河渠和人工湖的源流、驳岸等水功技术问题以及动物的蓄养、驯化和植物的引种、栽培技术等，这一时期都积累了一定的经验。

六 魏、晋、南北朝时期园林注入了文采

公元220年东汉亡国，官僚、豪绅的武装势力争战的结果，形成魏、蜀、吴三国的鼎立。

从三国到南北朝长达300多年的时间里，虽有一定地区的统一及安定，但社会的大趋势是动荡不安的。不断变幻的政局和战争的苦难，使得上至贵族、官吏，下至平民百姓，都对社会现实失去了信心，甚至产生悲观情绪。有钱、有势的人们及时行乐，奢靡之风盛行；士大夫知识阶层，则追求思想解放、放荡不羁、崇尚隐逸、寄情山水，这就是后来所说的"魏晋风流"。统一的政治势力被摧毁，则统一的思想信念也必然被动摇。汉初依靠政治力量所建树的"独尊儒术"的统一思想意识，这时受到种种探索人生和解脱苦难的哲学思想和宗教思想的冲击。传统的老庄哲学——"清静无为"、"崇尚自然"，玄学的返璞归真，新输入的佛教的出世思想，都引导人们摆脱现实社会而投向大自然的怀抱。名士们寄情山水，促成了自然、田园诗文和山水画的发展；文学、艺术的这一风尚，直接

影响了园林艺术的创作。前一时期所形成的模拟自然的园林景象中，被进一步注入了文采。

城市宅园的兴起

北魏首都洛阳私家园林盛极一时，首先是拥有大量财富的皇亲国戚"争修园宅，互相夸竞"（《洛阳伽蓝记》）。他们的府邸连同附属的园林都集中在西部外郭城的寿邱里，民间称这里是"五子坊"。这些贵族园林大多效法宫苑的景象，一般是楼台榭阁相连、曲池石屿、飞梁跨阁，加上四季花木的配置、鸟兽麋鹿的点缀，比起汉代稍微细致，但创新不多，文化品位也不是太高。

敬义里南的昭德里内有五座大的宅园，其中以司农（主管农业的官吏）张伦的宅第最为豪奢，所附的园林也最有代表性。《洛阳伽蓝记》记载："伦造景阳山，有若自然。其中垂岩复岭，欹崟相属，深溪洞壑，逦递连接。高林巨树，足使日月蔽亏；悬葛垂萝，能令风烟出入。崎岖石路，似壅而通；峥嵘涧道，盘纡复直。是以山情野兴之士，游以忘归。"这段记载突出描写了张伦宅园中的景阳山的景象。这座山的创作技巧可以说是相当成熟了。这座山不仅体形上有峰峦起伏，而且有溪涧和洞壑的表现，特别是使用了悬垂和攀缘植物的配置，更使山林景象的主题完整和统一。此园有"高林巨树"。"巨树"是需要生长时间的，所以一般称为古树。它的体量、姿态和浓阴是构成山林景象难得的条件。古典造园名著、明朝计成撰写的《园冶》一书中说:"雕栋、飞楹构易,荫槐挺玉成难。"历来造园选址总是把古树作为一个条件的。张伦的宅园就注意到了这一点。路径是游览的向导,也是游兴的激发手段和组织因素。在其"崎岖石路,似壅而通;峥嵘涧道,盘纡复直"的处理中,表明当时的造园家对此已有明确的理解。山路的高低崎岖的左右盘纡,不仅使景象丰富、增加表现力,而且可以拓展景象空间和延续游览时间,这对于面积不可能太大的城市宅园来说,是很必要的。尤其是"似壅而通"——看起来是绝路,而实际上是通途,这种"疑路"很能激发游兴,是晚期园林造山开路常用的手法。它在1000多年前的北魏时代就已创造出来了,真是难能可贵!景观这样丰富的山,凭借这样的曲折、迷离的盘山路径,使得"山情野兴之士,游以忘归"。有天水人叫姜质的游览了此园后,作《庭山赋》歌颂道:

其中烟花雾草,或倾或倒;霜干风枝,半耸半垂。玉叶金茎,散满阶墀,燃目之琦,裂鼻之馨……白鹤生于异县,丹足出自他乡,皆远来以臻此,藉水末以翱翔。

《庭山赋》既描述和赞美了张伦私园的美景,同时也表明了当时文人的园林观和对造园技巧的理解。赋中说:"庭起半丘、半壑,听以目达心想……下天津之

六 魏、晋、南北朝时期园林注入了文采

高雾，纳沧海之远烟。纤列之状如一古，崩剥之势似千年。若乃绝岭悬坡，蹭蹬蹉跎。泉水纡徐如浪峭，山石高下复危多。五寻百拔，十步千过。则知巫山弗及，未审蓬莱如何。"这里所谓"半丘、半壑"，已明确指出了园林造景山不在高，而在于能使游人产生"绝岭悬坡，蹭蹬蹉跎"的真山的感受。至于"五寻百拔，十步千过"的描述，更是说明了以少胜多、小中见大的艺术处理。8尺曰"寻"，五寻是40尺，按北魏尺度，大约相当于10米多一些。这样高的山足以造成百倍真山的感受了；走10步的距离，可获得山阴路上千倍路程的效果。

"小中见大"是再现自然山水风景的基本特征，在有限的园址内创造广阔的山水景象，必须做到这一点，这便是园林艺术的概括性。中国造园发展到这一步，已进入正轨。

南朝更是奢靡成风，文学、艺术风格也追求纤丽，园林艺术也比北朝精巧。城市宅园比较有名的是齐武帝时中书通事舍人茹法亮的府邸后园，园中有鱼池、钓台、土山、楼、馆和将近一里的长廊；"竹林花药之美，公家苑囿所不能及"（《南史·茹法亮传》）。

尤为引人注目的是南齐的文惠太子在首都建康（今南京）的私园——"玄圃"，园址与台城北堑等高，借着这较高的地势筑起土山；并有水池；又建有楼、观、塔宇；"多聚异石，妙极山水"（《南齐书·文惠太子列传》）。所谓"异石"，就是造型奇特的怪石，在江南地区主要是指被水溶蚀的石灰岩，即太湖石一类。欣赏造型怪异的自然石，说明园林艺术更加细腻和深化了。当时，太子觉得自己的私园"玄圃"造得太奢侈华丽，怕皇帝老子在宫中望见，于是采取一些措施，把园景挡了起来："傍门列修竹，内施高障，造游墙数百间，施诸机巧。"

梁武帝的弟弟、湘东王萧绎在他的领地首府江陵（今湖北江陵）的王城中建造"湘东苑"。挖池、堆山，长数百丈。沿池边种植荷花、葛蒲等水生植物，岸上又配置稀有树木。从一些园林建筑的题名，便可以知道当时园林所表达的对自然的欣赏和隐逸生活的追求，如：与水景相结合的"临水斋"及跨水建起的"通波阁"；与植物相结合的"芙蓉堂"、"修竹堂"及观赏"榛生连理"的"连理堂"；附会风月的"临风亭"、"映月亭"、"明月楼"，以及建在山上借以眺望天际的"阳云楼"等等。

西晋石崇的别墅庄园——金谷园

东汉、三国时期，由于战乱而促使士族豪绅纷纷建立所谓"坞壁"的城堡庄园，以求得经济上的自给自足和安全保障。西晋以来，门阀士族的庄园有很大发展，甚至建立私人的军队，以保卫牛羊畜牧、田产和各种手工业的庄园经济。晋武帝（265~290）时官至太仆及征虏将军的石崇的庄园就是这样的一例。石崇是大富豪，"财产丰积，室宇宏丽。后房百数，皆曳纨绣、珥金翠。绿竹尽当时之选，庖膳穷水陆之珍"

(《晋书·石崇传》)。在他50岁时去官赋闲，在首都洛阳城（今洛阳东郊偃师市境内还有这座被称为"汉魏洛阳城"的遗址）西北郊金谷涧中建了一处"河阳别业"（也就是有名的"金谷园"），以满足他晚年的享受。绿珠姑娘坠楼而玉殒香销的故事，就发生在这里。

石崇爱好大自然，又极为富有，所以把这座庄园经营得完全是一座与自然形势相结合的大园林。他在自己作的《思归引》序中说："其制宅也，却阻长堤，前临清渠。柏木几于万株，流水周于舍下，有观、阁、池沼，多养鱼、鸟。家素习伎，颇有秦、赵之声。出则以游目弋钓为事；入则有琴书之娱。又好服食咽气，志在不朽，傲然有凌云之操。"又在《金谷诗》序中说他的这座别墅"或高或下，有清泉、茂林、众果、竹柏、药草之属，莫不毕备"。庄园中还有水力的碓房、养鱼池等生产设施，这些在园林化的庄园中，也都成了风景的点缀。由于这类园林选址郊野，比城市地段广阔，并有更多的地势起伏和水流可以利用，所以自然景象的创作更为便利，艺术效果也更为突出。

3 东晋谢灵运《山居赋》所反映的自然审美观和园林情趣

从东晋开始，北方豪门士族的南迁，使钟灵毓秀的江南地区成为人文荟萃之地，打下了"南朝风流"风景式园林艺术的基础。谢灵运是当时豪门士族的代表人物，其庄园别墅与江南地区秀丽的山水相结合而构成风景式的艺术景象。

谢氏庄园位于会稽，共分"南北两居"。"南居"是灵运祖父和父亲的故居，"北居"是他新建的别业。他作《山居赋》说：居址在葱郁的山林之中，左有湖泊，右有江河；汀渚、陵阜的美景与幽居融合成一体。他描述庄园建筑与自然山川形胜以及田园风光的关系，既有对景，又有借景；既有远借，又有近借："葺骈梁于岩麓，栖孤栋于江源"——建筑依山、傍水而设；"敞南户以对远岭，辟东窗以瞩近田"——开门眺望远方的山峦，推窗观赏近旁的田园。人工种植的田园，与自然山水风景有机结合："田连冈而盈畴，岭枕水而通阡"——像近世意大利花园那样呈梯田式的种植，但不失自然，田园路径交织在山水之间。游览路线，从庭园到田间，从田间到湖泊以至泛舟江河水区，潭、涧、菰洲美景尽收眼底。"毖温泉于春流；驰寒波而秋徂。风生浪于兰渚；日倒影于椒涂。飞渐榭于中沚；取水月之欢娱"——在季相变幻的风景中，身居涂抹香料的堂室，而沐浴在"墙移花影"之间；凭栏水上的台榭，又得到"掏水月在手"的欢娱。

《山居赋》的注文中，还描写了"南居"的环境和景色。这篇诗文可以说是两晋、南北朝时期所兴起的自然、田园诗文的代表作；它同时表达了当时风行的自然审美观和园林观；赋中涉及园林创作的利用自然以及对景、借景等景象组织的处理。

4 小中见大——南北朝野趣的文人小园

在南北朝崇尚自然和向往田园归隐生活的风尚影响下,具备一定经济能力的文人、名士也都力求构筑宅园或别墅园,特别是南朝尤为流行。这类园林一般占地不大,所创造的自然景象追求朴素野致,绝无门阀士族庄园那种炫耀财富的奢华气息。这从当时的一些园林诗文中可以窥到一斑,例如南朝江总写的《春夜山庭》诗,赞美一座山林间的小别墅庭院,有"春夜芳时晚,幽庭野气深";另一首《夏日还山庭》诗:"独于幽栖地,山庭暗女萝。涧清长低扢,池开半卷荷。野花朝暝落,盘根岁月多。停樽无赏慰,狎鸟自经过",都反映了文人园的特点。这些文人雅士没有足够的财力营建大量阁道相连的宫观楼台和供养歌伎舞女、丝竹管弦的乐队,他们自有其高雅的情趣,认为"朱门何足荣,未若托蓬莱","何必丝与竹,山水有清音"。这一时期,文化人把园林艺术引上再现自然神韵的创作道路,尽管只是个开端,但一种小园址中浓缩大自然的以少胜多、小中见大的园林创作已经形成。北朝文人庾信《小园赋》说得明白:一个树枝上可以安巢,一个壶中可以容身。我有几亩地的破宅院,聊以避风雨;还有纵横几十步的小园,"榆柳两三行,梨桃百余树。拨蒙密兮见窗,行欹斜兮得路";"一寸二寸之鱼,三竿两竿之竹";"落叶半床,狂花满屋。名为野人之家，是谓愚公之谷"。这在一定程度上表达了当时文人小园的园林观和景象创作的思想。文人园林的兴起，为园林创作增添了文采；也进一步影响宫廷园林，使它的品格得到提高。

5 追求奇趣的北方宫苑

三国、两晋、十六国、南北朝时期，分踞大江南北的历代统治者在社会动荡的间隙，仍然进行着大规模的宫苑建设，尽情园林的享乐。这时的皇家园林，在继承秦汉宫苑模拟神仙境界的同时，又受到私家园林追慕大自然的创作思潮冲击，开始出现表现自然的创作。一般的说，北方宫苑景象仍保持秦汉大尺度和猎奇集锦的遗风，例如：十六国时期后赵统治者石虎（335～349）扩建三国曹魏首都增建邺南城，同时在其西郊建设的一座大规模的华林园，光是围墙就有几十里长。他在园内挖了一个很大的人工湖，命名为"天泉池"，筑千金堤引漳河水，堤上作两铜龙相向吐水，注入池中。石虎和他的皇后、百官临水宴饮游乐。园内种植许多名贵树木，为了移植大树，人们发明了一种"蛤蟆车"，《邺中记》记载车"厢阔一丈、深一丈四，搏掘根面去一丈，合土载之，植之无不生"，可见当时已有很高的移植技术。

到了北齐时代，后主高纬在武平四年（573）又扩建这座华林园，改名仙都苑。从园林名称就反映了当时统治者仍追求仙居环境，但却融会了许多自然山水的景象。《历代宅京记》描写仙都苑周回几十里,苑墙设三门、四观;苑内堆筑五座土山,象征东、西、南、北、中五岳;在五岳之间又作成四个大水面,象征东海、南海、西海、北海,汇集到被称作"大海"的大池中。这些大水面周围用渠道联系起来,划船可以周游,全园林水系的游程长达 25 里。大海之中有许多洲、山、岛屿,诸如连璧洲、杜若洲、三休山、蘼芜岛等。还在水中建起万岁楼,楼的装修非常豪华,门、窗都用五彩流苏幔帐,梁上悬挂玉珮,柱上悬挂方形铜镜,镜下悬垂香囊,地上铺锦褥地衣。中岳的北面有平头山,山的东、西分别建有轻云楼和架云廊。中岳的南边有峨嵋山,山的东边为绿瓷瓦顶的鹦鹉楼,西边有黄瓷瓦顶的鸳鸯楼。北岳的南面有玄武楼,楼北有九曲山;山下有金花池,池西有三松岭。再往南有凌云城,西有陛道——通天坛。大海的北面有七盘山和一片宫殿建筑群,其正殿 16 间,称作飞鸾殿,都采用外来式样的莲花柱础。梁、柱都用竹片包镶,用两道"千叶金莲花"箍上。这种束竹、打箍的装饰意匠也来自外国,可以说便是后来"束竹柱"、"瓜线柱"的先声。殿后有长廊,檐下引水,周流不绝。北海里有一座像大船一样飘浮在水面上的楼阁式殿堂——密作堂,几层楼里摆设着木雕的歌姬、乐妓、僧众、仙人、菩萨、力士等,体内装有机枢可以动作,"奇巧机妙,自古未见"。这座宫苑中还有两处特殊的游乐设置:一处是城堡,一处是贫儿村。城堡景象用以进行攻城游戏,北齐后主高纬让高阳王——思宗,扮作城主守城，他率领宦官、卫士击鼓呐喊攻城取乐。贫儿村是模仿城市贫民区景象的创作，在这里高纬让后妃、宦官们扮成店主、伙计、顾客，往来交易，他在里面一玩就是三天。

仙都苑中飘浮在水上的楼阁和模拟的城堡及市井景象的创作，都寓有戏剧式的娱乐内容，这是中国园林史上的首创，恐怕在世界造园史上也是创举。现代公共园林中这种使游人积极参与游戏活动的"游乐园"，早在一千多年前中国的仙都苑中已开辟了先河。

这一时期，历代在邺城修建的宫廷园林还有后赵石虎的桑梓苑，后燕慕容熙的龙腾苑。据《晋书·慕容熙载记》：龙腾苑"广袤十余里，役徒二万人。起景云山于苑内，基广五百步，峰高十七丈。又起逍遥宫、甘露殿，连房数百，观阁相交。凿天河渠，引水入宫；又为其昭苻氏凿曲光海、清凉池"。这些都是沿袭秦汉宫苑传统创作。这一时期连年战乱，民不聊生，统治者常常是以上万人劳役致死的代价突击完成这些宫苑的。当时皇家园林创作取得的进步，代价是极高的。

在洛阳宫苑的建设中，也有机巧的玩乐设置，例如：曹魏自邺城迁都洛阳后，在东汉末年被董卓焚毁的宫苑废墟上重建的芳林园就有这样的内容。青龙三年（235）恢复并改造了东汉芳林园中的天渊池，不但作为载乐荡舟游乐之用，而且通引濲水过九龙殿前，制作玉井绮栏，还设置一个蛙形即所谓"蟾蜍"雕刻吸水、神龙雕刻吐出。由博士司马均制作司南车，以水力转动百戏装置。每年之初，还模仿汉长安宫苑中舞弄巨兽、鱼龙以及倒骑马之类的杂技表演。景初元年（237），魏明帝曹叡又下令开采太行山和穀城的上好岩石，在园中叠掇景阳山；在太极殿北建昭阳殿；在金镛城的凌云台、凌霄阙上装饰黄龙、凤凰及奇伟之兽。又在芳林园中起土山，山上满植松、竹、杂木、善草，其间豢养许多山禽、杂兽。这座园林后来为避齐王曹芳之讳，而改名华林园。在园林建设中，皇帝带头掘土，大臣以下至于学生都参加运土等劳动。

西晋时，这座华林园仍作为御苑使用，同时受到当时崇尚自然的田园诗文和私家园林的影响，又建造了一批规模不大的山水景象的御园，诸如春王园、洪德园、灵昆苑、平乐苑、舍利池、天泉池、蒙汜池、东宫池等。洛阳的天泉池在城外洛水之滨，引洛水向南作成曲曲弯弯的沟池，池西叠石建成自然风致的禊堂。每年三月三日上巳节，皇帝按民俗，效仿文人高士"修禊"的林泉享乐方式，率领后妃们到这里作"曲水流觞"的宴饮。

北魏自平城（今山西大同）迁都洛阳之后统一了北方，文帝时参考南朝首都建康城的建设经验改建洛阳城，确定了御苑在宫城以北的规划格局。沿袭曹魏华林园址改建成的大内御苑，据《洛阳伽蓝记》载："华林园中有大海，即魏天渊池，池中犹有文帝九华台。高祖于台上造清凉殿，世宗在海内作蓬莱山，山上有仙人馆，上有钓鱼殿，并作虹霓阁，乘虚来往，至于三月禊日、季秋巳辰，皇帝驾龙舟、鹢首，游于其上。海西有藏冰室，六月出冰以给百官。海西南有景阳殿，山东有羲和岭，岭上有温风室。山西有姮娥峰，峰上有露寒馆，并飞阁相通，凌山跨谷。山北有玄武池，山南有清暑殿，殿东有临涧亭，殿西有临危台。景阳山南有百果园，果列作林，林各有堂……永安中年，庄帝习马射于华林园……桃林西有都堂，有流觞池，堂东有扶桑海。凡此诸海，皆有石窦流于地下，西通榖水，东连阳渠，亦与翟泉相连。"特别是还提到景阳山"岩障峻险，云台风观，缨峦带阜"的景象，"其中引水，飞皋倾澜，瀑布或柱渚，声溜潺潺不断"——出现了瀑布的创作。就华林园址另辟有专供避暑用的西游园。园中原有曹丕时所建的凌云台，台上有八角井；这时在井北又增建了凉风观，可以远眺洛水。台下有碧海曲池，海中以石雕鲸鱼为台基，上面建一木结构的灵芝钓台，高20丈。台的四面各有一宫殿，用飞阁与台相连。西侧的九龙殿，有九条龙的雕刻喷泉，向海中吐水。园林中多处使用雕刻，是秦汉以来的传统做法，和西洋园林处理如出一辙。

6 纤巧华丽的"金粉六朝"宫廷园林

东晋和南朝京城都在建康（今江苏南京），东晋时便将城北的玄武湖一带开辟为皇家禁苑（图14）。这一地区有天然山水，风景很美。玄武湖西面与长江相通，当时水面比现在大得多，曾作为水军训练的地方。湖中有三岛，命名为蓬莱、方丈、瀛洲，以寓意仙境。

这处禁苑经过历代经营，到梁武帝时已相当完美。建康皇宫中其他几处园林都不太大，但规划、设计比北朝宫苑精致、豪华，颇有"金粉六朝"的胭脂气，其代表作是华林园和乐游园。

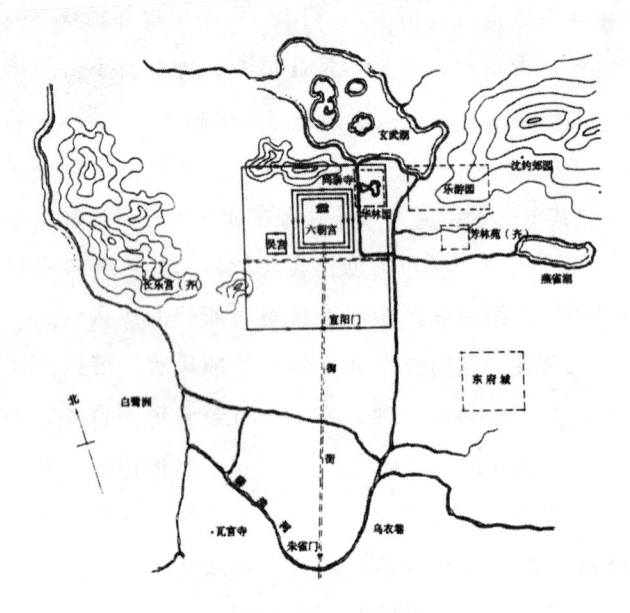

图14　建康的六朝都城形势图

　　华林园位于宫城内的东北部鸡笼山一带，北面近邻玄武湖。它始建于三国时期的东吴，历经东晋、宋、齐、梁、陈不断经营。这座园林不但名称与曹魏洛阳大内御苑相同，而且园内引玄武湖水做成的大池也叫"天渊池"，也有一座景阳山。早在三国东吴时，园林景象已是一派自然野致情趣，所以东晋简文帝一进入华林园中便对随从官员说："会心处不必在远，翳然林木便有濠濮间想也；觉鸟兽禽鱼自来亲人。"公元5世纪，刘宋时华林园的建设，值得注意的是创造市街店铺的游乐景象，皇帝和后妃、宫人、内官一起参与酤卖游戏。以至于后来公元6世纪北齐后主高纬在仙都苑中也建造了这样的景象，大约是受到华林园的影响。梁时，武帝笃信佛教，在园中鸡笼山麓建起规模宏伟的同泰寺，寺中的大佛阁高七层。后来梁武帝就在这座寺院里出家。还在景阳山的东岭建通天观，观前起楼阁，楼上叫重云殿，楼下叫光严殿；左右建"朝日"和"夕月"二楼，楼梯绕楼九转，极其精巧华丽。这些在侯景叛乱时全部毁坏了。陈后主时重建，并在昭阳殿前为宠妃张丽华修建著名的临春、结绮、望仙三阁。阁有好几丈高，窗户、壁带、栏杆等都是用檀香木装修起来的，"每微风暂至，香闻数里"。

7 "南朝四百八十寺，多少楼台烟雨中"——寺院园林的兴起

佛教自东汉传入中国，汉明帝时（公元58~75）有了在首都洛阳内城以西、以大宅邸充作藏经供佛的第一座佛教寺院——白马寺。初期佛寺都是由大宅邸或官署改成的，多附有园林。后来新建佛寺，也沿袭成习，同时也体现清幽安静的宗教气氛。出于超凡脱俗的教义，佛寺常常是选址山林环境来建设的，是所谓"天下名山僧占多"。

洛阳的佛寺，到晋永嘉年间已有42所，是北魏皇

帝笃信佛教、大力提倡的结果，最盛时城郭所有佛寺达到1367所之多。《洛阳伽蓝记》载有园林的寺院60多所，代表作有以下几座：

宝光寺园林　其中有大水面叫"咸池"，岸边和水上都配置荷花、菱角之类的各种水生植物，并种植青松、翠竹以及各种花果树木。文人、学子们每逢良辰美日都喜欢到这里游玩，"或置酒林泉，题诗花圃，折藕浮瓜，以为兴适"。

景明寺园林　"房檐之外皆是山池，松竹兰芷垂列阶墀"，植物配置最是茂密。园中有三个水池，其中鱼类和龟鳖之类遨游于水藻之间；还有青凫、白雁等水禽游弋在绿水之上。还利用流水转动水车碾、舂加工粮食，构成田园景象。《洛阳伽蓝记》说这座寺院园林堪称第一。

冲觉寺园林　西北有高楼，可以俯瞰洛阳城。园中的"土山、钓台冠于当世"；山峰映入窗内，屈曲的池沼围绕着堂榭。这一切都掩映在鸣禽、飞蝶的花木丛中。

河间寺园林　每逢四月初八释迦牟尼生日，京师仕女们最爱来这里玩赏。这座园林的廊庑最为绮丽，被誉为蓬莱仙室。用自然石叠置的水池中，点缀着红莲、绿萍；飞梁、跨阁高树出云。

洛阳的这些寺院园林都以山池花木为主，一派自然情趣。

至于自然风景区中所建佛寺，最为有名的首推东晋高僧慧远在庐山创建的东林禅寺了。《高僧传·慧远传》中记述，他所创建的精舍尽量利用自然美景：依靠香炉峰下，近傍瀑布涧壑之旁；以自然岩石为殿基，凭借松树来构屋；山泉流过阶前，白云飞进堂屋。可以说是达到了人工与自然相融合的程度。这一创作是对造园的重要发展，它对后来城市环境中的造园，很有理论上的启迪。慧远和尚是一位造园大师，他住在庐山的30年中，曾组织研究佛学、玄理的"白莲社"，吸收社员有佛教徒、玄学家、文人学子123人，他的自然观、园林观深深地影响了这些人。例如白莲社成员、著名画家宗炳，非常迷恋自然山水，在慧远的熏陶下更是精通园林艺术。他后来在京城建康的鸡笼山建造学馆、在钟山都建造报隐馆，都是与山林环境相融合的创作。宗炳等人无疑对当时园林创作的提高，起到了积极的推动作用。

七　隋唐园林的辉煌成就

隋唐时期是中国历史上封建帝国的鼎盛阶段。外国的宗教纷纷传入中土，文化交融空前繁荣，山水画与诗文相结合，不但绘画技法有很大提高，而且有了更深的理论探讨，这对园林艺术起到强有力的推动作用；诗人、画家普遍参与造园活动，进一步提高了园林文采。建筑与造园方面，隋朝主管皇家工程的宇文恺，是一位天才的大师，他所创作的宫殿、苑囿虽然已经湮没，但有些遗迹尚存，考古发掘为我们了解当时的高度成就提供了翔实的实物资料。

隋朝建国之初，便择地创建堪与统一大帝国相称的新国都，先是在关中地区汉都长安城的西南侧规划建造了京师大兴城（这一杰出都城的完善和知名度的提高是在唐朝，它便是世界驰名的唐长安城）。尽管关中有"八百里秦川"的良田沃野，但首都地区的粮食和其他物资的供应，还要仰仗于江南。江南物资经黄河西运的中转要地是洛阳，这里同时又是军事要地，它对长安有拱卫之势。所以隋炀帝于大业元年（605），亲自选定伊阙为中轴的前沿、北邙山殿后，规划建设了东都洛阳城（大兴在西，便为西都）。唐代因袭这种东、西两都（或称两京）的制度未改。

隋、唐两朝分别在长安与洛阳建设宫殿及园林，无论在规模上还是质量水平上，都达到了一个新的高峰。隋时的皇家总建筑师宇文恺完成了两座都城和两都宫廷建筑及离宫园林的规划、设计，唐代有名的九成宫，隋时称作仁寿宫，便是他的杰作之一。他综合秦汉以来宫殿、苑囿创作的经验，创造了壮丽的宫观组合体的殿堂类型，这被唐代所继承和发扬光大。

隋、唐时期不但皇家园林有重大的发展和辉煌的成就，私家园林的创作也同样达到了一个新的高峰，被后世所遵循的园林艺术写意的概括性和抽象化、"山池院"的典型构图以及推崇的太湖石掇山与独立石峰的鉴赏，在这一时期形成。

东都洛阳宏伟的山水园——西苑

西苑是隋炀帝创建的禁苑，在洛阳城西，周回200里，规模仅次于汉武帝的上林苑。这座禁苑的规划、设计仍有秦汉遗风，尤其受到时代相近的北齐邺城仙都苑的影响，景象内容上可以看出继承和发展的关系。苑址地势起伏，外围有丘陵屏障，涧水、谷水，洛水流经这里。苑中以周长十几里的大人工湖"北海"为景象构图中心，海中设蓬莱、方丈、瀛洲三岛，岛上分别建有通真观、习灵观、总仙宫，并有"风亭、月观，皆以机成，或起或灭，若有神变"，正是引用北齐仙都苑"密作堂"一类的奇趣意匠。海北开龙鳞渠,屈曲迂回流经"十六院",然后流入海中。这种水路游览的布局也和仙都苑一脉相承。"十六院"是安置美女的地方,景象结构是十六处园中之园,每院自成格局,"庭植名花,秋冬即剪杂彩为之,色渝则改著新者;其池沼之内,冬月亦剪彩为菱荷"。无花季节,采取假花点缀的方法,可以说是用工艺手段创造季象特征的一种手法。每院开东、南、西三门,门都临渠,渠上架飞桥。《山海经》说:在北海的南边"又凿五湖,每湖方四十里……湖中积土、石为山,构亭、殿屈曲环绕澄碧,皆穷极人间华丽……开沟通五湖、北海,沟尽通行龙凤舸"。隋炀帝建这座西苑,也如同早期苑囿,是"诏天下境内所有鸟兽草木驿至京师,天下共进花木鸟兽鱼虫莫知其数",几年后苑内已是"草木鸟兽繁息茂盛,桃蹊李径翠荫交合,金猿、青鹿动辄成群"。隋炀帝为了去游西苑的方便,"自大内开为御道直通西苑,夹道植长松高柳,帝多幸苑中,去来无时,侍御多夹道而宿,帝往往中夜即幸焉"。西苑在唐朝时改名神都苑,面积缩减了大约一半。

隋时洛阳宫城内还建有著名的九洲池等园林,都是华丽殿阁亭廊和自然景象相结合的佳作。这些在唐时都仍继续经营使用。

2 唐长安大明宫

大明宫是唐代在长安禁苑里建造的宫苑(见图15)。长安禁苑在宫城北面,是隋朝创建大兴城时统一规划的,当时称"大兴苑"。唐时称"禁苑",其中还包括东内苑和西内苑,所以统称"三苑"。范围相当辽阔,东边以浐河为界,北边以渭河为界,西面包括了汉长安故城。大明宫在禁苑的东南部龙首原上,宫城里地势低下,唐太宗选在这里建养老的永安宫,后改名"大明宫"。龙朔二年(662)高宗得风湿麻痹症,便移居大明宫,并加以扩建,作为朝宫,按宫中大水

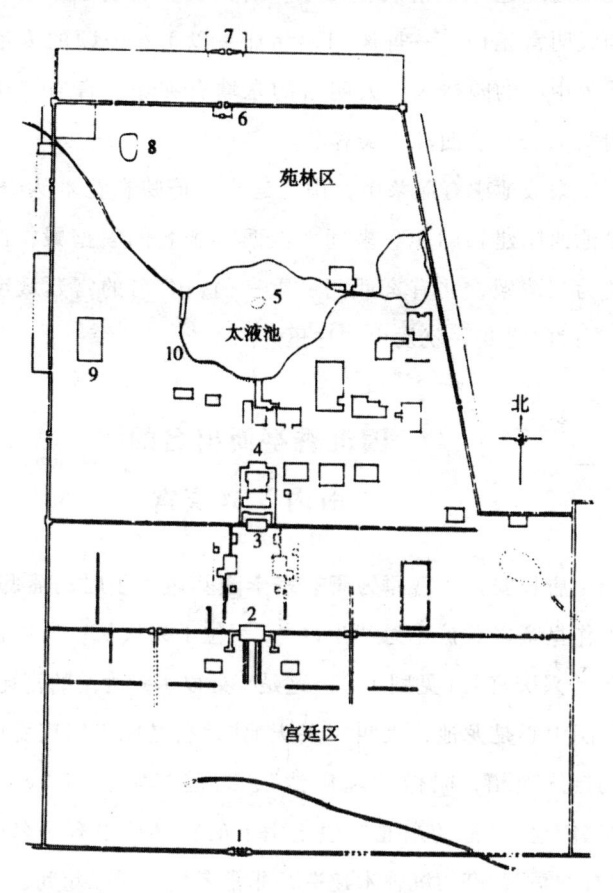

七 隋唐园林的辉煌成就

图 15 唐长安大明宫复原平面图

面蓬莱池的名称，改叫"蓬莱宫"，后来又恢复"大明宫"的名称，池改称"太液池"。大明宫在宫城大内以东，所以又称"东内"，大内则称"西内"。

大明宫面积约 32 公顷，北踞高原，地势高爽，天气晴朗时可以眺望到整个长安城和远处的终南山。它的前部为宫廷区，就龙首原南岗上隋代的检阅骑射的观德殿址建起了正殿含元殿，前方设左右朝堂，正南为大明宫正门——丹凤门，北部是以 1.6 公顷的太液池为中心的园林区。大明宫的东墙有夹城，直通"南内"兴庆宫和曲江、芙蓉园。

太液池中有蓬莱山，山上建亭，掩映在花木丛中，沿池西岸建长廊 400 多间。池西有著名的麟德殿，西北为三清殿，北有玄武门、重玄门，著名的宫廷政变"玄武门之变"就发生在这里。

3. 因沉香亭而出名的"南内"兴庆宫

唐长安兴庆宫原为唐玄宗李隆基做太子时的藩邸，他作皇帝以后扩建为"南内"，因位于兴庆坊，所以命名"兴庆宫"（见图 16）。这是一处以水景为主的宫苑，构图中心是龙池，也叫"兴庆池"，它是原来兴庆坊中的自然池沼，叫做"隆庆池"，为避玄宗名讳，改叫"兴庆池"。池的东北岸边土山上的牡丹丛中有著名的"沉香亭"，亭用沉香木建造，非常名贵。开元年间，一次唐明皇偕杨贵妃在沉香亭赏牡丹时说：赏名花，对妃

图 16　兴庆宫初期复原平面图

子，怎么能用旧歌词呢？于是命翰林院学士李白赋新词，李白立即填写了脍炙人口的《清平调》三章：

　　云想衣裳花想容，春风拂槛露华浓；若非群玉山头见，会向瑶台月下逢。
　　一枝红艳露凝香，云雨巫山枉断肠；借问汉宫谁得似，可怜飞燕倚新妆。
　　名花倾国两相欢，长得君王带笑看；解释春风无限恨，沉香亭北依槛杆。

后来有人攻击李白以贵妃比汉武帝宠妃赵飞燕，而使李白遭到贬官的处分。由于这些故事，而使沉香亭更加有名了。

龙池中配置荷花、菱角、鸡头米和藻类水生植物，南岸种有叶呈红心、紫边颜色的"醒酒草"。在宫内西南边，有玄宗为俯瞰西邻胜业坊而建的"花萼相辉楼"；南面临道政坊北街，标榜"与民同乐"，建有"勤政务本楼"。玄宗常在这两座楼里接见来宾、策试举人、宴会群臣以及观看舞马、舞象、舞犀等游艺表演，甚至曾在这里举行献俘典礼，一次北庭都护程千里生擒西域叛酋阿布思就是献于勤政楼下。

4 "温泉水滑洗凝脂"的华清宫

在长安城东35公里处的临潼县境内，秦岭支脉的北麓植被葱郁，山形远望如黑色骏马，所以叫做"骊山"。早在秦始皇时就开发了这里的温泉，建造了"骊山汤"温泉离宫；汉武帝继续经营使用。隋文帝开皇三年（583）"又修屋宇，列树松柏千余株"。唐太宗贞观十八年（644），沼左屯卫大将军姜本行、将作少匠阎立德主持重建，赐名"温泉宫"。玄宗天宝六载（747）扩建，改名"华清宫"。唐玄宗每年都来这里避暑，后来便长期住在这里，因此它是兼有朝宫的一座避暑离宫。华清宫以温泉取胜，有所谓"十六汤"，泉从西南山腰涌出，经星辰汤降温，先流到皇帝的九龙殿浴池——"九龙汤"，因汤从石莲花涌出，所以也叫"莲花汤"。这些遗址已经考古发掘，一如文献记述，只是石刻莲花无存了，当地人说"西安事变"时还遗弃在当时的地面上。玄宗召来杨太真赐浴，就是在这个浴池里。白居易《长恨歌》描写得很生动：

　　春寒赐浴华清池，温泉水暖洗凝脂；侍儿扶起娇无力，始是新承恩泽时。

　　杨贵妃的浴池称作"芙蓉汤"，又称"海棠汤"。浴池平面为壸门形式，中心有一石座上安置汉白玉石刻莲花。原来这朵石莲花是当时极受皇帝宠信的范阳（今北京）节度使安禄山，为讨玄宗皇帝和杨贵妃的欢心，用当地房山出产的汉白玉石料精雕细刻的。另外还有鱼、龙、凫、雁等石雕刻从现在的北京千里迢迢呈献到长安。玄宗看了非常欣赏，命令安置在九龙汤浴池里，等到他去洗浴时发现水中的这些石雕逼真惊人，很是害怕，又命令搬走了。

　　这处山地离宫，因就地势创造了不同的景象，殿宇高低错落在茂密的林间。这里虽是自然山林，但人工种植也是很讲究的。天宝年间所种的松柏，满山遍野，此外还种有槭、梧桐、榆、柳、桃、李、梅、枣、海棠、榛、芙蓉、石榴、紫藤、竹，以及芝兰、旱莲等花卉30多种。以至远看骊山宫苑如同在锦绣堆中，所以山的左肩称"东绣岭"、右肩称"西绣岭"，难怪杜牧《过华清宫绝句》歌颂说"长安回望绣成堆"了。这座离宫中还有花园、果园、菜圃，诸如芙蓉园、粉梅坛、看花台、石榴园、西瓜园、椒园、冬瓜园等等，还有马球场和赛马场。在山岩、瀑布、溪涧之间，出没着驯鹿之类的动物。玄宗姓李，认道教始祖老子李聃为祖先，崇信道教。华清宫里也设有道观，如朝元阁、老君殿等，附近的长生殿是玄宗进香时斋戒沐浴的斋堂。玄宗与杨贵妃七夕乞巧盟誓——"愿生生世世为夫妇"，故事就发生在这座长生殿里。山坡高处，瞭望视野宽阔，晴日甚至可以看到京师长安；山上的气候更是凉爽宜人，所以在林木中建了不少休憩观赏的建筑，如望京楼、红楼、绿阁、石瓮寺等。望京楼旁有古迹烽火台，相传即周幽王与宠姬褒姒"烽火戏诸侯"的地方。

5 仙山楼阁境界的仁寿宫、九成宫

以魏徵撰文、欧阳询书写的《九成宫醴泉铭》碑刻而名闻天下的唐九成宫，其实是隋代宇文恺的杰作——隋文帝时创建的仁寿宫。隋炀帝弑父的故事就发生在这里。

这座避暑离宫位于隋大兴城西北350公里的麟游县境内，占据天台山上下，宫城依山逐势，周长1800步，外围缭垣更加宽阔，其中包括禁苑和府库、官署（见图17）。隋亡宫毁。唐贞观五年（631），唐太宗加以修复，改称"九成宫"，永徽二年（651）改名"万年宫"，乾封二年（667）又恢复"九成宫"名称。考古发掘遗址所见，隋时工程质量非常高，大台包砖都是磨砖对缝，石构件平整光滑，莲花柱础刻工精美。隋朝遗存的一口水井，从井口铺石的卯眼可知原来井亭

七 隋唐园林的辉煌成就

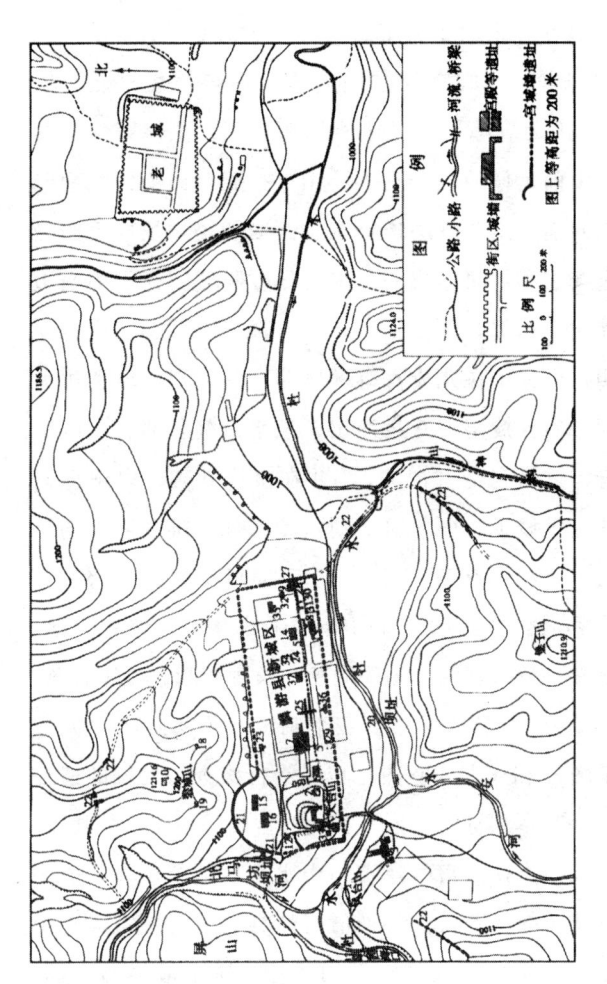

图17 隋仁寿宫、唐九成宫遗址平面图

结构的精巧；井口铺石刻有花槽，汲水时，槽内存水即呈光亮的图案。唐太宗鉴于隋奢侈殃国的教训，所以修复工程从简，大台基、廊庑墙面等都用或红或白的混水墙面，采取了省工、省料的做法。

仁寿宫、九成宫处在四周皆山的环境中，北面以"碧城"山为屏障，青凤诸峰历历如画；主体殿堂坐落在碧城山前延伸的一个平顶小山——天台山上，殿两侧由对称向前伸出的廊庑连接东、西二阙楼。从这里俯瞰山下，殿宇和拦河形成的湖泊，尽收眼底。迎面为南边的青莲山，东部为白臼山，西部有凤台、屏山。唐贞观六年四月，太宗在九成宫避暑休养，一天在西城墙边见土湿润，执杖拨土，有泉涌出，泉水清冽甘甜，可以治病健身，遂命名为"醴泉"，并在泉边立碑，以纪念此事。从这里修了石渠，引水到宫城各处。难能可贵的是《醴泉铭》碑保存到现在，人们仍然可以到当地去鉴赏。

《醴泉铭》描写九成宫是："冠山构殿，绝壑为池；跨水架楹，分岩竦阁。高阁周建，长廊四起；栋宇胶葛，台榭参差。"对照唐李思训、李昭道父子所画的《九成宫纨扇图》和《九成宫图》以及考古探查与发掘的遗址来看，是基本相符的。证实了九成宫确是一座十分壮丽、清幽的宫苑杰作。宫殿建筑与山水密切结合一体，成为后世宫苑仿效的楷模。特别值得注意的是九成宫天台山主殿以西，发现了太湖石假山遗存。这是最早的一例，印证了白居易《太湖石》诗的描述。这座离宫所不足的是，在工程上没能有效地控制湖水，曾因暴雨山洪下泄、湖水急速上涨，而淹没滨湖的殿堂、水榭。史籍记载，一次夜里唐高宗睡在湖边水殿里,突然水涨,幸好被在西城门巡夜的禁军首领薛仁贵发现,及时救驾并立功受赏。

6 曲江池

曲江池在长安城的东南角,原是秦的恺洲、汉的宜春下苑旧址,本有岗阜和干涸曲江洼地的园林基础。隋初宇文恺制订大兴的城市规划时,考虑这一带地形复杂,不宜安排居住区——"里"(唐改称"坊"),正好利用秦汉的园址条件,作城市公共游览的绿地。所以就低疏浚业已荒废了的曲江,开黄渠引水,作成一个更大的岸边屈曲宽长的大水面,广植莲花,成为京师一景。由于隋文帝厌恶"曲"字,便因种莲花而改名"芙蓉池"。唐初一度干涸,到开元年间又经黄渠引塔河水注入,并恢复了"曲江"旧称,虽然水面宽长似江,但实际是一个大池沼,所以又叫它"曲江池"。曲江以其水景曲折有致,十里荷香,周回高低林木间点缀着殿阁楼亭,"花卉周环,烟水明媚,都人游赏盛于中和、上巳之节"。所谓"三月三日(上巳节)天气新,长安水边多丽人"的诗句,描写的就是这里。曲江是长安一大名胜,佳节良辰不但文人雅士成群结伙地来这里玩赏,就是凡夫百姓也倾城来游。帝王、贵族、官宦更是选占最好地段建设离宫、别馆。许多达官显贵甚至有私人游艇常年存放在曲江备用。

曲江南岸一带的芙蓉园最为有名,它原是隋朝的御苑,周回十七里。唐贞观年间,太宗李世民把它赐给魏王李泰,泰死后,又赐给太子;玄宗开元时作为御苑。这座御苑里,水边至南岸高地建有紫云楼、彩霞亭等仙山楼阁般的宏伟宫殿群。唐代著名画家李思训之子李昭道有写生图画传世,宋人有变体摹本一并保存至今。曲江西有杏园、慈恩寺,就是现在西安大雁塔一带。有唐人诗篇来吟诵曲江情景。

卢纶《曲江春望》:

菖蒲翻叶柳交枝,暗上莲舟鸟不知;
更到无花最深处,玉楼金殿影参差。

杜甫《曲江二首》之二:

花穿蛱蝶深深见,点水蜻蜓款款飞;
传语风光共流转,暂时相赏莫相违。

韩愈《同水部张员外籍〈曲江春游〉寄白二十二舍人》:

漠漠轻阴晚自开,青天白日映楼台;
曲江水满花千树,有底忙时不肯来。

每年三月三"上巳节",皇帝率嫔妃、贵族、高官们必来曲江踏青;老百姓也都赶来春游和看热闹;商贩摆摊陈列衣服、簪环首饰、玩具等各种物品以及饮食等等,景同庙会一般。

八 唐代私家"山池院"与太湖石鉴赏

自隋炀帝开运河沟通南北到唐太宗"贞观之治"直至玄宗"开元、天宝盛世"的120多年间,唐朝政治稳定、经济发达、文化繁荣。社会上绝大多数人安居乐业,商人财源茂盛,做官的生活富裕,贵族们更是财富如山,有钱的人多起来,势必促进私家园林的发展。在东、西两京和全国发达地区,视业主经济能力,私园或大或小如雨后春笋般地修建起来。突出的是在大运河南起点——扬州,经济实力与东晋以来的文化积累,使它成为园林化的人间天堂。扬州不仅湖山风景优美,而且"园林多是宅",许多人都生活在园林当中。

长安、洛阳两京是全国政治中心,达官显贵集中,人文荟萃。官员们不但有宅园,而且大多还有郊区的别墅园林。在朝中任职的文武官员考虑到随驾到东都的情况,都在洛阳建有宅第和园林。不少官员建园却未曾居住,正像白居易《题洛中第宅》诗中说的:"试问池台主,多为将相官;终身不曾到,唯展宅图看。"

唐代私家园林已形成程式化的基本格局，主体景象是叠石山与水池相结合的叫做"山池院"的形式（见图18）。

图18 唐墓出土"山池"模型

贵族府邸的"山池院"

亲王、公主等皇亲国戚的山池院都很大，有的竟占半个坊以上面积。如义阳公主在长安的府邸山池院，以山池为主体的景象是十分丰富的。有泉涌，有瀑布，有荷花池和曲岸小桥，有峻拔的峰石和各种花木的配置；构成这些自然景象的还有自由放养的鹿与鹤，在自然景象之间巧妙地结合着曲径、桥梁、堂、榭、亭、轩等游乐、息憩的建筑，进一步体现出人与自然的融合关系。作为贵戚园林，这一切又罩上一层富贵豪华的宫廷气息。

士大夫官员的宅邸山池院

由于"学而优则仕"，所以大官都是学有所成的知识分子。他们都有文学、艺术的修养，都爱好自然与园林。他们往往亲自参与山池院的创作，从而在自家的园林中体现出自己的爱好与追求。这些官员的园林，常有清新、高雅的作品。

丞相牛僧孺在洛阳归仁里的宅园借重洛阳伊、洛两河，对造园中水景的创作非常有利。牛氏宅园便是引流水构成婉转的带状水面，配以自然石岸和激水叠石，而产生潺潺的天籁之声，完全是一派谿涧景象。

白居易在洛阳履道坊西北洛水经过的地方购置了十几亩宅基地。自己做了宅园的规划和设计，十亩地作为住宅（包括生活起居部分和庖厨、粮食加工、仓廪、车栏、马厩及仆人用房等），五亩作为园林；园中1/5的水面，1/9种竹子，1/3搞建筑。他作杭州刺史卸任时，带回来一块"天竺石"和一对"华亭鹤"，开始建设他的山池院，"始作西平桥、开环池路"。当苏州刺史卸任时，"得太湖石、白莲、折腰菱、青版舫以归"；继续建园，"又作中高桥，通三岛径"。后来，姓陈的朋友教给他酿酒，姓崔的朋友送给他古琴，姓姜的朋友教他弹奏《秋思》乐曲，姓杨的朋友送给他三方平整光滑、可以坐卧的大青石，用以充实他的园林。大和三年（829年）夏天，白居易被派到洛阳任"太子宾客"，他便常住在自己这座宅园。他作《池上篇》，在序中写道：

> 每至池风春、池月秋；水香莲开之旦、露青鹤唳之夕，拂杨石、举陈酒、援崔琴，弹奏《秋思》，颓然自适，不知其他。酒酣、琴罢，又命乐童登中岛亭、合奏《霓裳散·序》。声随风飘，或凝或散，悠扬于竹烟波月之间者久之。曲未尽而

乐天陶然,已醉睡于石上矣。

从此篇可知白居易造园目的在于寄托精神,园居生活则可陶冶性情,《池上篇》对此作出说明:

十亩之宅,五亩之园。有水一池,有竹千竿。勿谓土狭,勿谓地偏,足以容膝,足以息肩。有堂有庭,有桥有船;有书有酒,有歌有弦。有叟在中,白须飘然,识分知足,外无求焉。如鸟择木,姑务巢安;如龟居坎,不知海宽。灵鹤怪石,紫菱白莲,皆吾所好,尽在吾前。时饮一杯,或吟一篇,妻孥熙熙,鸡犬闲闲。优哉游哉,吾将终老于其间。

白居易将苏杭一带江南风光再现于他的宅园中。其有诗云:

洛下林园好自知,江南景物暗相随。净淘红粒窖香饭,薄切紫鳞烹水葵。雨滴篷声青雀舫,浪摇花影白莲池。停杯一问苏州客,何似吴松江上时?

3 太湖石独立石峰的鉴赏
——"以小观大,则天下之理尽矣"

两晋以来,兴起对大自然的追求,促成文人对山水的爱好。以山、水为主体的自然风景，浓缩到文人园中，形成一种富于文采的文人"山池院"。发展到唐代，已经形成在一池清水、一块岩石中寻求大自然神韵的园林哲学。岩石是山体的缩影，两晋以来就有不少文人雅士爱石成癖。唐人李华说："庭除有砥砺之材、础硕之璞，立而象之衡、巫……以小见大，则天下之理尽矣"——庭院里陈设做磨石、柱础的大石材，立在那里便可象征衡山、巫山。小中见大，世上的哲理尽在其中了。尤其是体形多变、像现代抽象雕刻一样的太湖石，更能激发人们的联想。白居易特别欣赏太湖石，他是明确指出园林"置石"美学价值的第一人，他把园林用石分为四等、十二品，认为太湖石是第一等的石材，罗浮石、天竺石次之。他曾作《太湖石》诗篇专论石峰的鉴赏：

远望老嵯峨，近观怪嶔崟，才高八九丈，势若千万寻。嵌空华阳洞，重垒匡山岑，邈矣仙掌迥，呀然剑门深。形质冠古今，气色通晴阴，未秋已瑟瑟，欲雨先沉沉。天姿信为异，时用非所任。磨刀不如砺，捣帛不如砧。何乃主人意，重之如万金。岂伊造物者，独能知我心？

4 私人庄园、别墅园林

唐朝上至亲王、公主，下至官员、豪绅，几乎都有庄园或别墅。唐时官员的待遇优厚，除薪俸外，政府还拨给"职分田"和"永业田"。有的人积蓄扩充田地，出租给农民耕种，又有些人则用这块土地建造别墅和造园。这就为士大夫官员们的园林经营提供了方便。

这类园林多在郊外，贵族们是上好地段，例如长安大明宫附近，浐、灞两河供水方便的地段；南郊樊川一带近邻终南山，风景优美，是杜、韦两个大家族世传的部曲庄园，即所谓"杜曲"和"韦曲"。官员们视地位高低和其他条件，在两京近郊或在故乡设置庄园、别墅园林；有人在做官的地方从事风景区开发建设的同时，并经营自己的别墅。这种士大夫别墅园林注重自然美和书卷气，是格调高雅的作品。诗人王维"辋川别业"是一个有代表性的创作。

它位于陕西蓝田县西南约20公里，这里山岭环抱，豁谷像车轮的辐辏四面方射，所以地称"辋川"。别业原是宋之问的庄园，王维购得后，就自然山水形胜略加人工的园林艺术处理，构成20个景象群落的组合体。王维和裴迪唱和诗集——《辋川集》，记录了20个景象的情况：

孟城坳——一座古城堡遗址；

华子冈——一座松林覆盖的山冈；

文杏馆——以文杏木作梁、香茅作屋面的厅堂，从这里南望南岭，北望大湖；

斤竹岭——竹丛植被的山岭中藏着一条山径，溪水从这里流过。

还有点缀着鹿的森林——鹿柴；木兰林园的"木兰柴"；生满茱萸花的沼泽——茱萸沜；通向欹湖的槐树林荫道——宫槐陌；欹湖边的凉亭——临湖亭，从这里可以看荷花、登轻舸、听猴啼；湖南岸的船码头——南垞；可以泛舟、采莲的欹湖；湖滨成行的"柳浪"；河流浅滩的"栾家濑"；闪着金光的"金屑泉"；凭石而跳的白石滩；湖北岸码头、船坞，附近种植菰蒲；竹林深处的"竹林馆"；遍植辛夷的"辛夷坞"；种植漆树的"漆园"；种植花椒树的"椒园"。这20景清新、自然，富有朴素淡雅的诗情画意。

另外，卫国公李德裕在洛阳龙门伊阙附近购置的平泉庄，引泉作巴峡、洞庭、十二峰、九派以至于海门的连续景象。在他官居相位，权势显赫的时候，各地官吏争相奉献珍禽、异石、名花等等，也都陈设在此。可惜直到他贬死海南岛，终生未曾到过这座平泉庄。

杜甫在成都浣纱溪畔、古楠树下经营草堂，白居易在江州建的庐山草堂等，都是这类的作品。可以看出，文人园林在唐时已经发展起来。

九 两宋时代的古典园林体系已臻完善

宋朝的首都，因袭后周定在河南开封，即汴梁，当时称"东京"。两宋时代经过两汉以来对外开放，广泛进行文化交流之后，而出现一个内向的、自我完善的民族文化的深化阶段。这时在文化上已达到高峰，园林艺术作为文化的组成部分登峰造极。

宋朝是在"太平日久，人物繁阜，垂髫之童，但习歌舞，斑白之老不识干戈"的盛世中，这使少数有志之士奋发图强，但作为社会统治阶级所主导的风气，却是及时行乐，富贵苟安。无论是北宋东京城还是南宋的临安，从宫廷到民间有钱有势的人，无不是夜以继日地沉缅于侈靡淫逸的享乐之中。在这种社会风气下，自然更促进了土木建筑和园林的建设。在工程技术方面，北宋政府颁布了李明仲主编的重要建筑技术典籍《营造法式》；民间则由喻皓完成了有名的《木经》。园艺方面，也得到空前的发展，周叙撰《洛阳花木记》中记载仅洛阳一地就收入了观赏花卉600个品种，其中牡丹103种、芍药132种。园艺著作还有范大成的《桂海花木志》和《菊谱》，嵇含的《南方草木状》，王观的《扬州芍药谱》和《梅谱》、《兰谱》等专著问世。园林造山叠石，则有多种《石谱》；造园专业工匠所谓"花园子"、"山匠"等，也大批涌现出来。

宋徽宗参与创作的艮岳——华阳宫

宋徽宗笃信道教，听信道士的话，说在京城里筑山则皇帝必定多子嗣。所以在政和七年（1117）命令户部侍郎孟揆于上清宝礼宫之东筑山，象余杭之凤凰山，号曰"万岁山"，又称"寿山"。山落成后，因按八卦方位，山在宫城东北——艮位，所以更名"艮岳"（见图19）。后来又花了五六年的时间挖湖、建亭台楼阁、种植花木等，于宣和四年（1122）建成了这座历史上赫赫有名的宫苑，题名"华阳宫"。

宋徽宗不懂政治，当不好统治者，但是一个精于书画、素养极高的艺术家。他委派"博雅忠荩，思精志巧，多才可属"的宦官梁师成主持华阳宫的造园工程；他自己也亲自参与规划、设计，他俩合作得很好，使这座御苑景象具有浓郁的文采。当时是先绘制规划和设计图，"按图度地，庀徒僝工"。徽宗建造这座园林，不惜工本，不计代价，专门成立"应奉局"经办建园事宜，派员到全国各地搜寻奇峰、怪石、名花、异卉以及珍贵动物。这些一经定为皇家的造园材

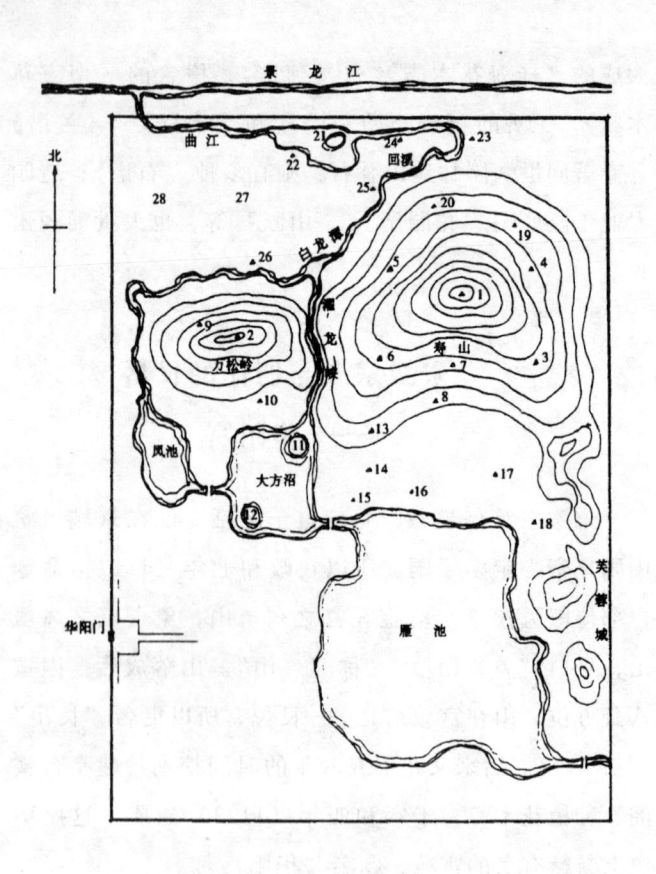

图 19 北宋汴梁华阳宫复原平面图

料——"花石纲","皆越海、渡江、凿城郭而至",激起很大民愤。园子建成,徽宗亲自撰写了《艮岳记》;到过这座御苑的祖秀和尚,也写了一篇《华阳宫记》,对园内景象作了详细描写。

华阳宫作为大内御苑,不作朝会、典礼之用,只是一处"放怀适情、游心赏玩"的地方。艮岳是主体景象,整个山采取土胎、叠置自然石的"石包土"的做法。石料一部分从太湖、洞庭山、湖口、绿溪、仇池的深水中采集，一部分从泗滨、林虑、灵壁、芙蓉的山上采集而来。主峰高九十步，上面建有"介亭"。主峰南边还有"两峰并峙"；山间"蹬道盘纡萦曲，扪石而上，既而山绝路隔，继之以木栈，倚石排空，周环曲折，有蜀道之难"。山南坡叠石险处称作"紫石岩"、"祈真蹬"，附近建有龙吟堂、降霄楼、揽秀轩；南麓一带满植绿萼红梅，并建有萼绿华堂、书馆、八仙馆、承岚亭、崑云亭。三峰西面，隔溪涧为主山的从体——万松岭，岭上建巢云亭。主山的东南有作成余脉横亘二里的"芙蓉城"，使寿山艮岳的创作很有自然情趣。

　　理水也很成功，从园址西北引进景龙江水，先作成宽长曲折的"曲江"，其中设岛，岛上建蓬莱堂。引水"回溪"西南流，沿河两岸建漱玉轩、清澌阁、高阳酒肆、胜筠庵、萧闲阁、蹑云台、飞岑亭等。水至山的东北麓分成两支分流，一支绕万松岭西入凤池，一支顺寿山与万松岭之间的谷涧南流。这里有一落差，流水出口处，"喷落飞注如兽面"，取名叫"白龙沜"、"濯龙峡"，近旁建有蟠秀、练光、跨云等几座亭子。水流注入"大方沼"，沼中有东、西二岛。东岛配置芦苇叫"芦渚"，上建浮阳亭；西岛植梅花，叫"梅渚"，上建雪浪亭。沼水西流，入凤池；东流入园中最大的水面雁池。雁池的"池水清泚涟漪，凫鹰浮泳其面，栖息石间，不可胜计"。水由雁池向东南流出园外。

　　园林西部有药寮，种植参、术、杞菊、黄精、芎蒴等药材；还有一处田园景象叫西庄，种着稻、麻、菽、麦、黍、豆、秔、秋等庄稼，这里的建筑也按田园主题，建成农舍形式。这里也同时作为皇帝演耤耕礼的籍田。

艮岳的山林景象之间还豢养着动物，甚至有猛兽。每逢深夜吼叫，城中百姓都能听到，市民极反感，认为是亡国的征兆。

宋徽宗、梁师成创作的艮岳——华阳宫，是少有宫廷气息的自然风致山水园。其创作立意，是综合名山大川的美景，而以概括的景象体现在园林作品中。它无论在叠山、理水、动植物配置以及建筑处理等各方面都是有很高水准的。这个促使宋徽宗国破家亡的"伊甸园"，却称得起是园林史上不朽的杰作。

2. 观看水嬉的金明池

北宋东京城四郊有四座行宫御苑，东郊宜春苑，南郊玉津园，西郊琼林苑，北郊含芳园，所谓"东京四苑"。这四苑并不都是游览性的园林，其中只有琼林苑金明池是游览胜地。

宜春苑在外城东墙新宋门外大道南，原是宋太祖赵匡胤的三弟秦王的别墅园，秦王遭贬后没收作为御苑。这里实际上是一座皇家花圃，所栽植的花卉最为有名，每年皇宫里所需花卉，大多是由此园供奉的。

玉津园在外城正南的南薰门外大道西，原为后周的旧苑，宋初加以扩建。园中殿宇很少，以种植为主，林木繁茂，所以俗称"青城"。园中大半地段种麦，供应宫内食用。每年夏天麦收时节，皇帝来看刈麦。园的东北部是专门饲养珍禽异兽的动物园，文献记载蓄养有大象、麒麟、驺虞、神羊、灵犀、狻猊（狮子）、孔雀、白鹇、吴牛等。

含芳园在封立门外干道东，大中祥符三年（1010）自泰山迎来"天书"供奉在这里，因而改称"瑞圣园"。这座园子以竹林繁茂著称，曾巩到过这里，作诗描写说："方塘潝潝春光绿，密竹娟娟午更寒。"

琼林苑在外城西墙新郑门外大道南，乾德二年（964）创建；太平兴国元年（976）又在道北开凿大方池，引汴河水灌入，另形成"金明池"新区。琼林苑一进大门，道边都是古松怪柏，两旁有石榴园、樱桃园之类，其中都置有亭、榭。苑东南部有几十丈高的土山——华觜冈，"上有横观层楼，金碧相射"。山下为"锦石缠道，宝砌池塘，柳锁虹桥，花紫凤舸"。其花皆素馨、茉莉、山丹、瑞香、含笑、射香，大部分都是浙江、广东、福建进贡来的名花。在花丛之间布置着梅亭、牡丹亭等。苑内还有射殿，殿南为球场，"乃都人击球之所"。每逢大比之年，殿试发榜后，皇帝照例在这里赐宴新科进士，称"琼林宴"。

金明池周长9里30步，原为宋太宗检阅"神卫虎翼水军"的操练之处，后来改作观赏龙舟夺标"水嬉"的园池。据《东京梦华录》记载：池南岸正中筑高台，台上建宝津楼；楼南有宴殿，殿东有射殿及临水殿。

九 两宋时代的古典园林体系已臻完善

宝津楼下架仙桥连接池中央的水心殿；仙桥是木结构的中央隆起的虹桥，朱漆栏楯，下排雁柱。池北岸接近中部有"奥屋"，即停泊龙舟的船坞。

金明池每年三月定期开放，允许百姓来参观，叫做"开池"。到上巳（三月三），皇帝车驾临幸观看"水嬉"完毕，金明池即行关闭了。对面琼林苑也同时开放，所有殿堂都可以入内参观。每逢水嬉开池的日子，东京市民倾城来看热闹，也允许商贩摆摊做买卖和卖艺的杂耍百戏表演。当时的画家张择端所作《金明池夺标图》，忠实、生动地描绘了这一场面（见图20）。池东岸宽阔，树木茂盛，游人较少，作为捕鱼区，但"必于池苑所买牌子方许捕鱼。

图20　宋张择端绘《金明池夺标图》摹本

游人得鱼，倍其价买之，临水蛀脍，以荐芳樽，乃一时之佳味也。"

3 南宋临安宫苑

北方游牧的女真族建金国，占领中原，俘获宋徽宗、钦宗二帝，宋室南迁杭州，改名临安，仍维持宋的半壁江山。

临安的西湖风景享誉全国，唐代李泌、白居易在这里做地方长官时，都进行过水利和风景的建设；五代时吴越国以这里为首都，在百余年的安定局面中，对西湖又有进一步的开发经营。北宋时苏东坡第二次在杭州做地方长官时，彻底疏浚湖泥，筑成三里长的大堤——被人们称为"苏堤"，沟通南北交通，并有一系列的园林化建设，风景更加幽美。苏东坡赋诗赞美说："水光潋滟晴方好，山色空濛雨亦奇，欲把西湖比西子，淡妆浓抹总相宜。"

南宋时复加建设，"湖山之景，四时无穷，虽有画工，莫能摹写"。这时的宫苑就结合在湖山环境之中（见图21）。宫城占据凤凰山，宫内的园林称"后苑"，在山西侧高地，可以俯瞰西湖及钱塘江景。这里有江、湖的爽风和山地的绿荫，是宫中避暑的胜地。皇帝在苑中避暑纳凉，多在复古殿、选德殿及翠寒堂。这里是"长松、修竹浓翠蔽日，层峦奇岫，静窈萦深。寒瀑飞空，下注大池可十亩。池中红白菡萏万柄，盖园丁以瓦盎别种，分列水底，时易新者，庶几美观。又

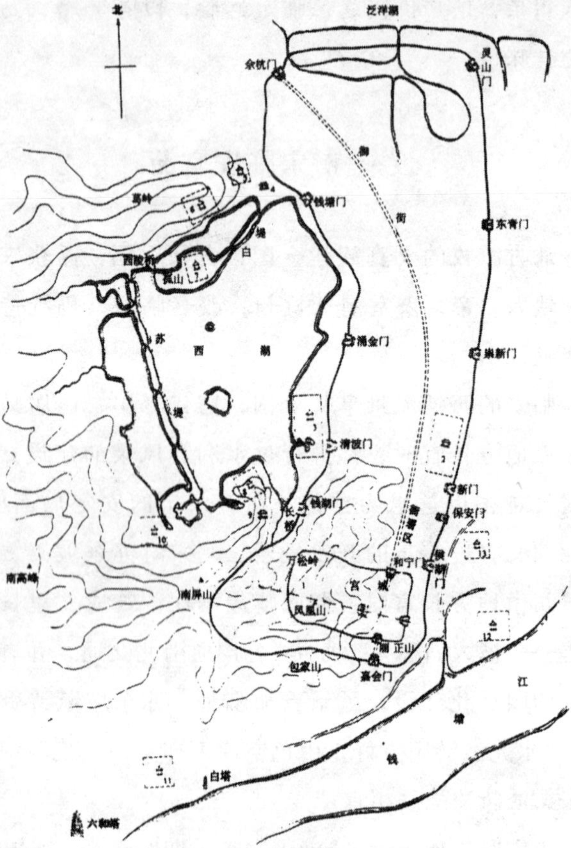

图 21　南宋临安主要宫苑分布图

1-大内御苑；2-德寿宫；3-聚景园；4-昭庆寺；5-玉壶园；6-集芳园；7-延祥园；8-屏山园；9-净慈寺；10-庆乐园；11-玉津园；12-富景园；13-五柳园

置茉莉、素馨、建兰、麝香藤、朱槿、玉桂、红蕉、阇婆、簷葡等南花数百盆于广庭，鼓以风轮，清芬满殿。"这里的大湖叫"小西湖"，有一道180间的爬山长廊——锦胭廊，从湖边通到山上建有宫殿。意大利旅行家马可·波罗曾到过这里，他描写锦胭廊"宽六步，上有顶盖。这走廊很长，一直走到湖边。走廊两边，有寝宫十处……各有花园。在这些房间里住有一千宫女，侍候国王（指南宋皇帝）。有的时候，国王同后妃一同出游，带着宫女数人，泛舟湖上，舟上满覆绫绸"。

两宋时期古典园林已有完备的体系，诗文与园林艺术的结合紧密。这座御苑中，也有很好的表现，不但建筑有美丽的名称，湖山花木景象也都有诗情画意的题名。廊叫"锦胭廊"，廊外植梅千树，称"梅岗"；有亭叫"冰花亭"；"小西湖"边一景题"水月境界"；一景为"澄碧"；牡丹景象题"伊洛传芳"；芍药题"冠芳"；山茶题"鹤丹"；桂花题"天阙清香"；海棠题"本支百世"。苑中建有佐圣祠，匾额题"庆和泗州"、"慈济钟吕"、"得真"。橘林题"洞庭佳味"；茅亭题"昭俭"；木香题"架雪"；竹题"赏静"；松亭题"天陵偃蓋"。山下有溪流通小西湖，设亭叫"清涟"。这里有一座特殊的建筑，叫"翠寒堂"，是用日本进口松木构成的，不施涂料油彩，看起来如同象牙一样，十分高雅。另外，苑中还效仿东京艮岳，辟有小桃园、杏坞、梅岗、瑶圃、柏木园等园中园。

除大内御苑外，外城还有樱桃园、德寿宫。在西湖风景区内，还有不少行宫御苑，规模比较大的如湖北岸的集芳园、玉壶园，湖东岸的聚景园，湖南岸的屏山园、南园，湖中小孤山上的延祥园，三天竺的下天竺御园等。另在城南郊钱塘江畔和东郊风景区内还有玉津园、富景园。

4. 发达的宋代私家园林

宋代私家园林也极为兴盛,特别是人文荟萃的中原地区和江南地区,见于记载的私家园林为数众多。北宋李格非撰写《洛阳名园记》专门记载了洛阳的名园19处,其中18处为私家园林。

富郑公园:宋仁宗、神宗两朝宰相富弼的宅园,位于宅的东侧。园的南部为水景,湖北岸设四景堂,堂前有月台临水(见图22)。湖南设卧云堂,与四景堂隔湖互为对景。池西为竹林,林中有紫筠堂、赏幽台,旁有溪流,溪旁建方流亭。池南有山,山上有天光台,可以俯瞰反映天光的湖景;梅林中设梅台。湖北为主山,内有洞邃四达,洞中用大竹筒引水,流出地面成明渠,环流山麓间。山北又有大竹林,其中设有丛玉、披风、漪岚、夹竹、兼山五亭。

环溪:宣徽南院使王拱辰的宅园,这座园林的景象结构是南北两个水池,东西以溪流连接,形成环流,中间为一洲山。南池北岸设洁华亭为主要观赏点;北池南岸设凉榭为主要观赏点;中间洲山上建多景楼,为园中的制高点。登楼南望,"则嵩高、少室、龙门、大谷、层峰、翠巘毕效奇于前"。北池以北有风月台,登台北望,"则隋、唐宫阙楼殿,千门万户,岧峣璀璨,延亘十余里,凡左太冲十余年极力而赋者,可瞽

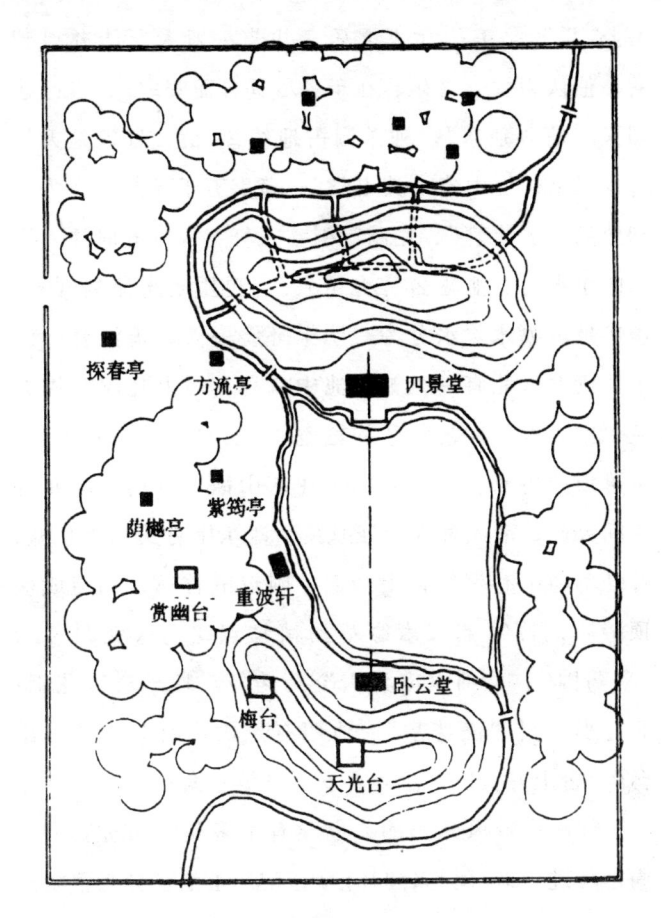

九 两宋时代的古典园林体系已臻完善

图 22 富郑公园平面示意图

目而尽也"。山池的西面遍植松、桧及各种花木，其间建有锦厅、秀野台；林间保留几块空地，每当花开时，支起纬帐，聚会宴饮赏景。

独乐园：司马光的别墅园，他自制《独乐园记》说明了建园的主旨和园景的寓意。这座园林题名"独乐"，是因为孟子说："独乐乐不如与众乐乐"，而

"与众乐"是王公大人之乐，并非一般人所能办得到的。他认为"人之乐，在于各尽其分而安之"，自己建园只能是"独乐"。独乐园占地约20亩，景象是天然野趣风格，居中建"读书堂"，藏书五千卷。堂南为一别致的"弄水轩"，用暗渠引水入轩，水分五股注入轩内的小水池。池题名"虎爪泉"。再用暗渠流到轩外，仿佛象鼻喷水。水分为二明渠环绕庭院，再汇合后流出。读书堂北有一大池，池中有岛；岛上扎起一周竹丛，构成庵庐，题名"钓鱼庵"。池北竹林中有土墙、茅草顶的竹斋。竹斋六间，在东山面上开门，南北各六间大窗，清风对流十分凉爽。池东岸有药圃120畦，各畦草药都有标签记上药名。附近的竹丛，扎结成拱顶游廊，竹竿上有攀缘草药植物点缀，这处题名为"采药圃"。药圃以南为六个芍药栏、牡丹栏等花圃；北有小亭叫"浇花亭"。池西有土山，山上筑"见山台"，台上并构屋，远眺万安、轩辕、太室诸山。

　　江南一带风光秀丽，也建有很多私家园林，南宋周密写过一篇《吴兴园林记》，记述了他在吴兴曾游过的36座士大夫园林。其中有代表性的是南宋沈德和尚书的宅园和别墅园。宅园在吴兴城南，又叫"南园"，占地100多亩。园中"果树甚多，林檎尤盛"。园林按当时流行的布局，以大池为构图中心，池北岸建聚芝堂、藏书室，池中有"蓬莱"岛。南岸"特置"三块几丈高的太湖石峰，最为有名。沈氏败落后，三块太湖石峰被奸相贾似道买去，运到他在临安的府邸园林里。北园在城北太湖风景区，"三面背水，极有野意"。

园里挖了五个水池，都和太湖相通。园中建筑有灵寿书院、怡老堂、溪山亭等；还建了一个眺望太湖风光的"对湖台"，台虽不高，但起到凭眺太湖的借景作用。

苏州最有名的私园是沧浪亭。北宋庆历年间苏舜钦被罢官，客居苏州，买下南城原吴越国的一个节度使孙承祐的别墅园废址。这里三面临水，土山林木很有野趣，稍事园林加工，在小山上建"沧浪亭"，即构成主题景象。"前竹后水，水之阳又竹，无穷极。澄川翠干，光影会合于轩户之间，尤与风月为相宜。"这座园林自北宋以后数易其主，一直延续到现在。虽然它早已不是当年的景象，但仍不失其野趣的基本格调。在目前苏州几座名园中，它是最为古朴的一座。

南宋皇帝"行在"，实际上是首都的临安，在当时富贵苟安的社会风气中，私家园林就更多了。《梦粱录》记载著名私家园林16座，《武林旧事》记载45座，等等见于记载的将近百座之多。多数私园在西湖周围风景区中。有名的如平原郡王韩侂胄的别墅园——南园；丞相贾似道的别墅园——水乐洞园和水竹院落；还有皇帝赐给贾似道的后乐园（原来叫集芳园）；杨和王府园——云洞园；皇帝赐给杨和王的水月园；等等。

中国造园艺术发展到两宋时代，像古典建筑一样，已形成完整的体系。私家园林，以士大夫园林为首，概括地再现自然的景象中，往往有深刻的寓意，无论造园原理和技巧上都达到成熟的境地。宫廷园林吸收民间造园的成就，也较前期有显著提高，主要表现在对自然的追求与景象意境的深化。

十 辽、金少数民族政权下的园林建设

北宋时,北方游牧民族日益发展,先是契丹族建立的辽国日益强大,国土扩充到现在的东北、内蒙和华北的一部分,甚至包括蒙古人民共和国的大部分。以致北方邻国把契丹视同中国,至今俄语把中国还叫做"契丹"——Китай。契丹族的辽国皇帝,大力引进宋国人才,学习汉文化,城市、宫殿、园林都仿效宋国来建设。辽圣宗开泰年间首先在首都南京(今北京)的西山建玉泉山行宫,又在南京城东北郊建造瑶屿行宫。关于辽的园林建设情况记载不多,我们从"瑶屿"行宫就可窥视一斑了。瑶屿就是现在北京的北海公园,当时一片大水面中有岛,称作"瑶屿"——西王母(王母娘娘)的瑶台,也是神仙境界的意思。岛是山林景象,在林木山石之间设殿宇,与宋宫苑相仿。

后来东北女真族兴起,也是重聘汉人,推行汉文化,建立了金国。辽和北宋先后被金灭亡。公元1151年金迁都到辽的南京旧址,称燕京。由右丞相张浩主持参照北宋东京规制,扩建燕京城,定名"中都"。金兵攻占东京后，胁掠各种技术人才、宫廷妇女以及物资和文物财宝，运到中都。金完全按照宋制，建设宫廷和御苑。金章宗时，金国版图已扩大到中原、淮北一带，政治稳定、经济繁荣，皇家园林建设已有相当规模了。当时在中都城宫廷内外的御苑有：芳园、同乐园、广乐园、南园、北苑、后园、东园、熙春园、琼林苑、梁园、蓬莱院、东明园等；郊区则有：鱼藻池、钓鱼台、鹿园、环秀亭、城南行宫、大宁宫、玉泉山行宫、香山行宫等；再远一些还有大房山麓的金陵行宫、在保定西北的光春行宫、宣化的庆宁行宫、张北的大渔泺行宫、玉田的玉田行宫、滦县的石城行宫等。其中位于中都城东北、今北海公园的大宁宫和玉泉山的玉泉行宫是皇帝经常去玩的重要御苑，为后来元、明、清的进一步建设打下了很好的基础。

金代大宁宫于大定十九年（1179）开始建设，后来改名为"万宁宫"，又改为"寿安宫"、"万寿宫"。这里以水景为主，是引高粱河水扩大原有湖沼，并加大琼华岛；岛上建广寒殿等90多座殿宇。当时"燕京八景"中"琼岛春荫"、"太液秋波"两景都是这里。章宗时大臣赵秉文赋《扈跸万宁宫》诗，赞美其景象："一声清跸九天开，白日雷霆引仗来；花萼夹城通禁籞，曲江两岸尽楼台；柳阴罅日迎雕辇，荷气分香入酒杯；遥想薰风临水殿，五弦声里阜民财。"

十一 元大都的大内御苑与明北京的皇城西苑

北方蒙古族崛起，灭亡了女真族政权的金和汉族政权的南宋，统一了中国，1271年改蒙古国号为"元"。1368年，朱元璋建立汉人政权——明朝，取代了元。

元灭金后，首都从塞外南迁到金中都城，由于中都被毁严重，便于至元四年（1267）以大宁宫一带为中心重新规划新都城，定名为"大都"。这就是现在北京城的创始。金代的大宁宫被规划在皇城内，成为御苑的一部分（见图23）；扩展大宁宫的湖泊，命名为"太液池"；改琼华岛为"万岁山"，岛的南面近邻一小圆岛，叫"圆坻"，再南还有一岛叫"犀山"；还是一池三山的传统构图（见图24）。万岁山的主峰顶上建广寒殿，南坡中轴线上建仁智殿，左右配殿为介福殿和延和殿。主峰前的两峰上建荷叶殿和温石浴室；另在山林间布置若干亭、堂、殿宇。万岁山上许多叠石都是金人从北宋都城东京的艮岳搬来的，至今仍然还可以看到。

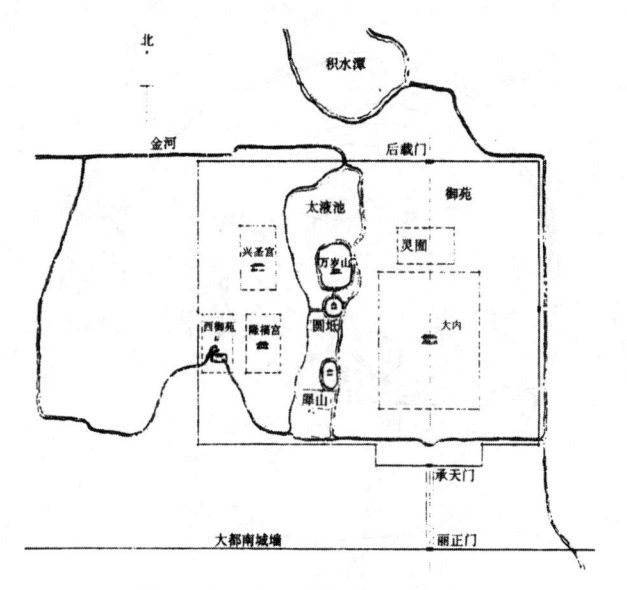

图 23　元大都大内御苑平面示意图

大内御苑太液池以西，北部有太子住的兴圣宫，南部有皇后住的隆福宫，隆福宫的西边有一较小的园林——西御苑。

明朝燕王朱棣取代其侄惠帝即皇帝位（明成祖），迁都北京，以南京为陪都。永乐十八年（1420）改建元大都城，去掉北城较空旷地段，将南城墙向南移，加长了皇城前沿到城市南门的距离。由于河道运输线的改变，商业重心转移到南城，所以嘉庆时又增筑了南部的外城。明代皇家园林主要是皇城内、宫城（紫禁城）以西的西苑。西苑是元朝大内御苑的扩大，水面和岛屿都有一些改变，水面形成北、中、南"三海"；"圆坻"岛改为"团城"，半岛"犀山"岛改为蕉园半岛，并在新凿的南海中建造"南台"（清代改称

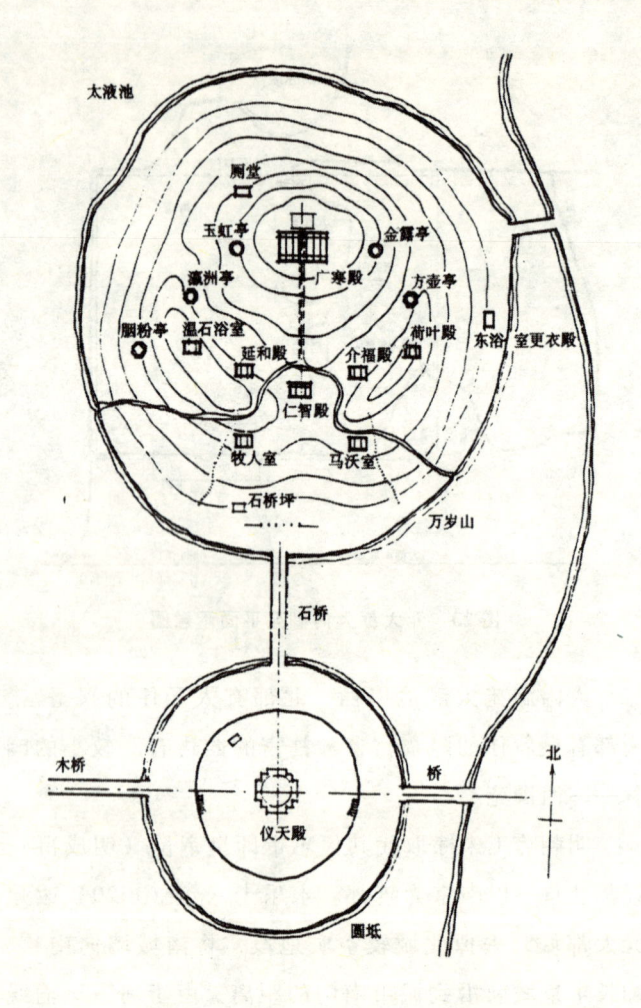

图 24 万岁山、圆坻复原平面图

"瀛台")景区(见图 25)。又将元代的西御苑改为兔园;在宫城正北,增筑万岁山,俗称"煤山"(清代改称"景山")。此外,在皇城东南角开辟了东苑。在宫城内,则有中轴线北端的御花园和西路北端的建福宫花园。

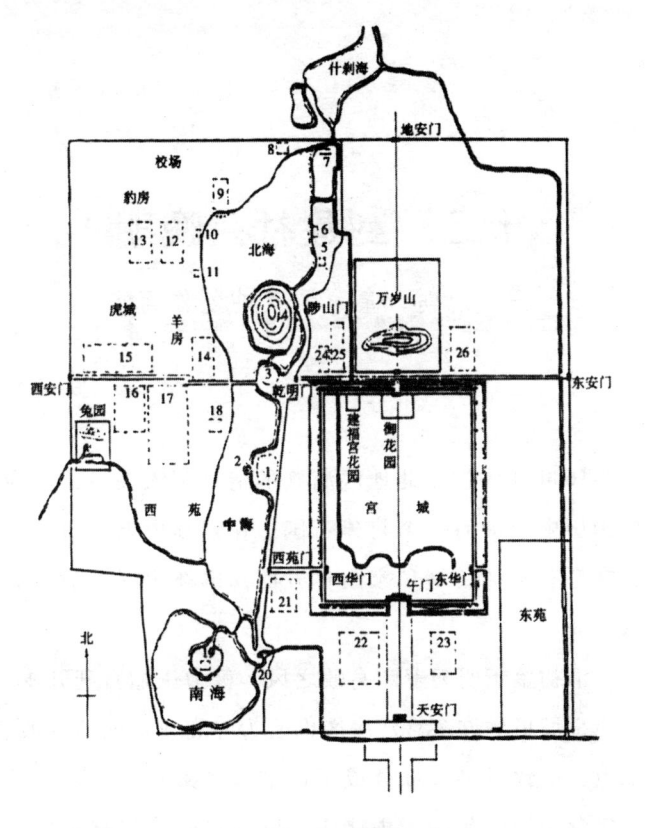

图 25　明北京皇城平面图

元代蒙古族皇帝和贵族们由于游牧的民族习俗，一直保持着放鹰、走狗的游猎爱好，所以在京城附近及远郊有一些狩猎场的设置，南苑"飞放泊"就是其中之一。

十二　封建社会晚期

——清朝，皇家园林的创作高峰

1644年中国东北地区满族的清皇朝入关后，成为中国历史上最后一个封建帝国。在园林史上，清朝无论在皇家园林还是私家园林方面，也都达到了最后的辉煌。

清初鉴于明朝奢靡腐败之风，极力压缩宫廷开支，甚至皇城里的许多宫廷房产也改为寺庙或赏赐给国戚、勋臣，以致后来大部分成了民宅。皇家园林主要是继续经营使用明代的大内诸园。顺治皇帝早就有建造避暑离宫之念，直到康熙中叶平定三藩，全国统一之后，才开始在北京西北郊和塞外择地建设避暑离宫。

首先是在北京西北郊的香山、玉泉山、瓮山修建行宫御苑。康熙十六年（1677）在香山寺旧址建造香山行宫。康熙十九年，在玉泉山建成"澄心园"；康熙二十三年改名"静明园"。这两处殿宇简单，只是暂时消遣的御苑。

康熙二十三年，康熙皇帝第一次南巡看到江南幽美的园林风景之后，非常欣赏，决定在京西北海淀原来明朝皇亲李伟的别墅清华园废址上仿照江南名园建造御园。当时由宫廷画师江南人叶洮规划设计、江南著名叠山专家张然主持叠山工程，建起了畅春园。这是清朝第一次引进江南民间园林艺术建造御苑的先例。畅春园建成后，康熙每年大部分时间在这里听政，从此形成了以后清帝园居听政的习惯。

康熙四十七年，又在承德建成了更大规模的避暑山庄。这是具有朝宫职能的与自然山水相结合的宫苑，皇帝在这里避暑听政，还有一个目的是便于"北巡"塞外，以及怀柔笼络蒙古上层，安定边陲。此后雍正在位的13年间，只重点经营了他即位前的私园——圆明园，作为他长住的离宫。当时圆明园还没形成三园的局面，它的大发展是在乾隆时代。

乾隆是一位颇有汉文化素养的皇帝，他很喜欢大自然和园林艺术，他说"山水之乐，不能忘于怀"。他六次下江南，游遍了南京、扬州、无锡、苏州、杭州、海宁等地的名园。凡是他喜欢的园林，都命画师绘出粉本，"携图以归"，作为北京御苑建设的参考，好的花木、峰石也要带回北京。在乾隆三年（1738）至三十九年的30多年的时间里，皇家园林的建设一直没有间断。除了京城大内的御苑扩建，更重要的是扩建和新建北京西北郊的"三山五园"——畅春园、圆明园、香山静宜园、玉泉山静明园、万寿山（元、明时期的瓮山）清漪园，以及承德避暑山庄。"三山五园"在咸丰十年（1860）都遭受英法联军的抢掠和焚毁；避暑山庄也同时被毁，晚清时一直无力修复。光绪十四年

(1888)，慈禧太后挪用海军经费重修清漪园的前山和前湖，并改名颐和园。

"万园之园"圆明园

康熙四十八年"御赐"北京西北郊挂甲屯明朝皇戚的废墅与四皇子胤禛（清世宗雍正帝），作为他的私人花园。那时园子的规模虽然很小，不过建筑倒还讲究。例如"牡丹台"（镂月开云）一处，宫殿是用楠木构成的，楠木都保持原来的纹路和颜色，别具一番自然清雅的趣味；殿顶用两色的琉璃瓦砌成图案，在阳光下面，焕若金碧。胤禛即位以后，于雍正三年（1725）开始了圆明园的全面修建。除了修整原有的亭台丘壑以外，又导泉浚池，辟田庐，营蔬圃，增设亭榭，使园中景色益加幽美。同时还在园南建造宫殿以及侍值大臣们办公的朝署。至此，圆明园的规模，大致算确定了，只是没有后来的长春园和绮春园。

从康熙开始，园居差不多成了一种宫廷风尚。皇帝每年正月郊祭礼毕，就移居园宫，直到冬至大祀前夕才回大内。一年中有2/3的时间住在园子里。所以自康熙到咸丰六代皇帝，死在宫内的只有乾隆一人。也正是因为这种风尚，清代的园囿建筑，远远超过元、明二代。乾隆时代，奉太后住畅春园，皇帝自己住在圆明园。这时中国经济情况较好，全国的反清斗争表面上也都镇压下去，因此国内呈现一片"升平景象"。

"乾隆爷"六下江南，浏览了江南的名园胜景，就命令摹下图样，在圆明园内仿造。乾隆一世，大兴土木，几乎没有一年停止过。当时，向北拓展了圆明园；东面驱逐了水磨村，增筑了长春园；南面又合并了王公私园，修成绮春园（万春园）。在当时通称为"三园"，其实就是一个大园子，由圆明园总管大臣统辖（见图26）。在修建"三园"的同时，又修了玉泉山、香山和瓮山（万寿山），这就是所谓的"三山"。

西郊诸园中，以"三园"的规模为最大（共有140多组建筑），"三园"中又以圆明园为最（见图27）。

圆明园前部为朝房。入大宫门过石桥，进"出入贤良门"，迎面为"正大光明殿"。此殿既不雕饰，又不彩画，是采用"松轩"、"茅殿"的匠意，以朴素自然为主。殿前有宽阔的广场。殿左有"勤政亲贤殿"及"保合太和殿"。自此以北，峭石林立。再北为"前湖"，湖北岸正对"九洲清宴"——是全园建筑的重心。后面是"后湖"。

"后湖"四周环绕着许多池沼小山，错落地散布于全园，都是依照地形经人工处理而成的。配合着土山的形势，又巧妙地安排了许多叠石假山。叠石有一二块单摆的，也有几百块垒砌而成的，高度有的达到五六丈之高。假山的叠筑，经过造园艺术家的精心设计，叠石尽量摹仿自然，但又不是一味地抄袭自然，而是把大自然中幽美的奇景收缩在一个小的空间里。叠石有山谷、有涵洞、有悬崖、有岩厂（ān）。有些地方，

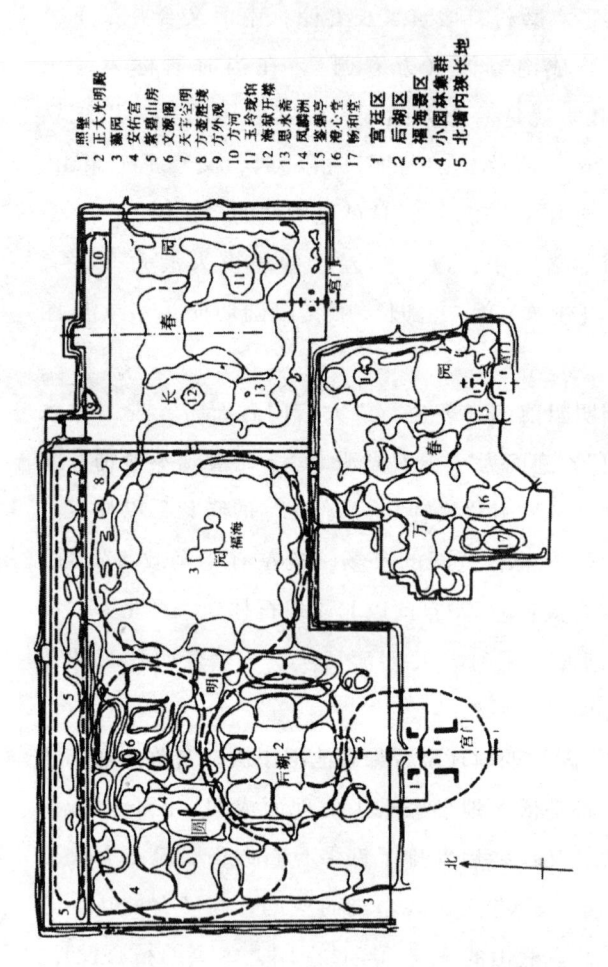

图 26 圆明、长春、万春（绮春）三园总平面图

1 照壁
2 正大光明殿
3 蒙阿
4 安佑宫
5 紫碧山房
6 文源阁
7 天宇空明
8 方壶胜境
9 方外观
10 玉玲珑馆
11 海岳开襟
12 思水斋
13 鉴碧亭
14 凤麟洲
15 澄心堂
16 涵秋馆
17 畅和堂

1 宫廷区
2 后湖区
3 福海景区
4 小园林集群
5 北墙内夹长地

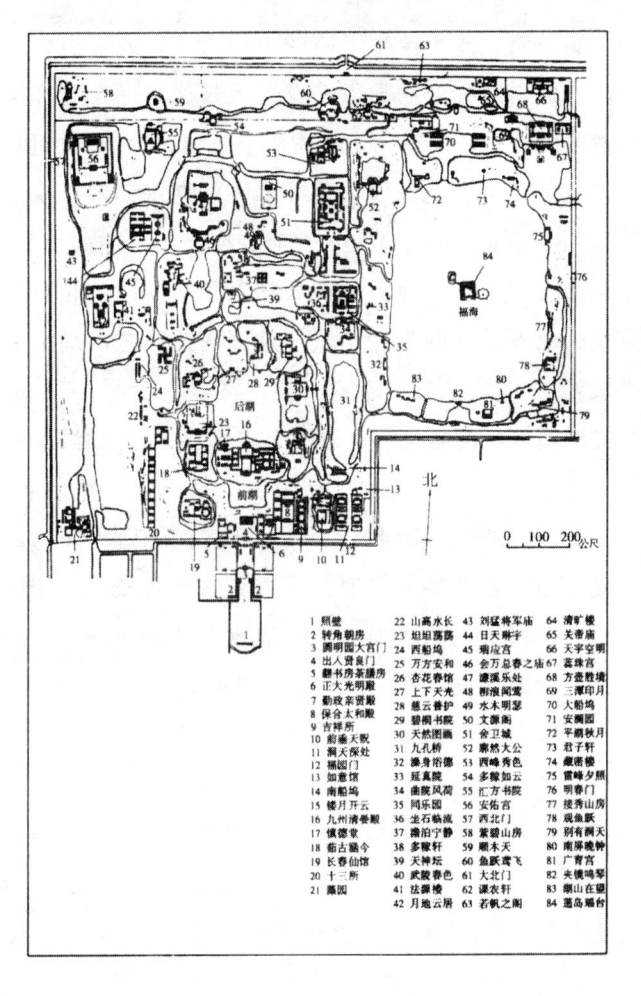

图 27　圆明园平面图

引清泉从岩石上流过，经过峡谷而成涧；有的使它从悬崖上落下而成瀑布，再注入低谷而成湖。这种用山石、水面相互穿插的手法，虽是人工所为，可是因为布置得巧妙，看来宛如自然天成的一般。

园中设置的路线也是曲折变化的：或为万树丛中

的羊肠小路；或为崎岖艰险的上山盘道；或者引你进入幽暗的山洞，当你觉得好像误入歧途转一个弯却又豁然开朗，也许已经到了碧树晴空、清风徐来的山顶，也许就走到了禽鸥出没、荷叶飘香的湖滨溪畔，令人体验到"山重水复疑无路，柳暗花明又一村"的境界。这种如同在区区扇面上画"长江万里图"般的化有限空间为无限空间的处理手法，是中国造园艺术最宝贵的成就。

圆明园中的园林和建筑配合得很好，处处是园林，处处是建筑。不论是巅，是山腰，是山麓，是山谷，是平野，是湖畔，是水上，都置有建筑。山野园林的景色，用亭台殿阁来点缀，而置身在亭台殿阁，抚窗凭栏，极目所见的，则又是山清水秀的天然图画，是所谓"建筑中有园林，园林中有建筑"。

建筑物的设计，一般是根据地形布置，或是仿效江南名景，或是按照前人诗画的意境制作而成的。它们组成了各种不同类型、不同情调的风景组群，号称为"四十景"。其中仿照江南名景的有：北边仿杭州西湖之景的"平湖秋月"和"三潭印月"，东部的"雷峰夕照"，中部的"曲院风荷"；仿海宁陈氏"安澜园"重修的"四宜书屋"（后改名为"安澜园"）；仿宁波范氏"天一阁"而建筑的皇家图书馆——"文源阁"（内藏四库全书及图书集成各一部）。按照前人诗画意境作成的有：按"牧童遥指杏花村"的诗意而布置成一片田野村落气象的"杏花春馆"；照"桃花源记"的境界而建造的"武陵春色"；按照李太白"两山夹明镜"的诗境而建造的"夹镜鸣琴";按照李思训画意而建造的"蓬岛瑶台";等等。

这里特别值得提一提的是东部广大水面——"福海"中的"蓬岛瑶台"。这组建筑坐落在三个相连的小岛上。岛是嶙峋巨石堆砌而成的。岛上面积虽然不大,但房屋却有百余间之多,华丽精美,妙不可言。从这里眺望四周,首先进入眼帘的是四面殿宇自葱绿的山峰上迤逦而下;其次在河流入海处,但见白玉朱栏的各式桥梁以及桥上的亭舍牌坊,出没于花明柳暗之间。"福海"四周湖岸的景象又各有不同:或用整齐的花岗石砌成平直的湖岸,以衬托长廊或林荫大路;或作碎石坡岸,有踏步斜登而上;或者是处理成像半圆形看台的层层高阶,每层上都安置殿阁楼台,周围又是花团锦簇,五彩缤纷。尤其是海东北隅自成天地的"方壶胜境",颇有宋界画仙山楼阁之风。瞭望远处,则是从深山中移来的成林野木,一派自然风景。而当皇帝"游幸"的时候,水面上龙舟凤舫,往来竞嬉,更是一片金碧辉煌。若当燃放烟火的夜晚,万绿丛中,灯火齐明,宫灯摇曳着殿影,彩船散射着金波,那一番诗情画意,更是难用笔墨来形容。

此外还有:乾隆少时读书的地方——有着细瀑、竹籁、幽兰、松月的"洞天深处",像村舍般的"别有洞天",开阔的"西峰秀色",饲养着各样金鱼的鱼乐国池——"坦坦荡荡",供奉皇祖"神御"的"鸿慈永祜",每逢佳节迎奉太后膳寝的"长春仙馆",平时住宿卫士较射比武、节日欢宴外番燃放烟火的"山高水长"，形如半弦月的"汇芳书院"（"眉月轩"），冬暖夏凉的"冂"字宫殿"万方安和"（见图28），"工"字形的"清夏斋"，"口"字形的"涵秋馆"，"田"字形的"澹泊宁静"，曲尺形的"湛翠轩"等等，不胜枚举。这些建筑物的内部，大多是用门罩、屏风、碧纱橱等自由间隔，曲折而多趣味，不像中国建筑中的一般式样，一隔三、五、七间，不显呆板。

图 28　圆明园万方安和

园中光是亭子的造型就有许多种，从平面上看，有四角、六角、八角、十字、万胜、流杯等等。这些亭子，一般都用"爬山式"或"叠落式"的游廊与殿榭相通，为是雨天游览而避风雨。

园中几乎有一半面积是水面，所以桥梁甚多，在全园的结构上占据了重要的比重。为了避免单调重复，这里创造出多种桥的形式，包括圆拱、瓣拱、尖拱、平梁、木板各式。有的桥上还盖上顶子，架设廊屋，颇有秦汉时代"飞阁"、"扶道"的意味。

圆明园的建筑装饰，也是极尽奢侈华贵之能事。像嘉庆时代所修的"省耕别墅"、"竹园"、"接秀山房"的门窗屏罩等装修，不但全用紫檀制成，而且还镶嵌珍宝，雕成"榴开百子"、"万代长春"、"九秋同庆"、"寿献兰孙"等各种花样。这些都是当时著名的"周制"。所谓"周制"，就是明末扬州周氏所创造的装饰方法，是以金、银、宝石、珍珠、珊瑚、翡翠、水晶、玛瑙、车渠（大贝壳）、玳瑁、青金石、绿松石、螺钿、象牙等刻制成山水、楼阁、花木、虫鸟、人物等花饰，镶嵌在紫檀、漆器上，凡陈设器具，都可以如法炮制。此外，康、乾之际画院中西洋画师意大利教士郎世宁、法兰西教士王致诚等，又设计出西洋式的建筑装饰图案和壁画，以及西洋式门窗隔扇栏杆桥梁之类。如"四十景"之一"水木明瑟"，就是采用西式水法引水到室内转动风扇。至于园中陈设的奇花异石、铜兽盆景以及冰床画舫等一应游玩用具，就更是名目繁多了。

长春园（见图29）和万春园（见图30）的建筑趋于小巧玲珑，它们出入水面，变化丰富，比起圆明园来，更为自然。长春园北部，在乾隆时代由郎世宁设计，仿意大利文艺复兴时期的"巴洛克"（Baroque）风格，建造了"远瀛观"（见图31）、"方外观"、"海晏堂"、"谐奇趣"等西洋式楼阁多处。在这些建筑上大量应用了汉白玉，并且雕刻了许多精美的花纹。其内部的陈设，也都采用西洋家具和摆法。

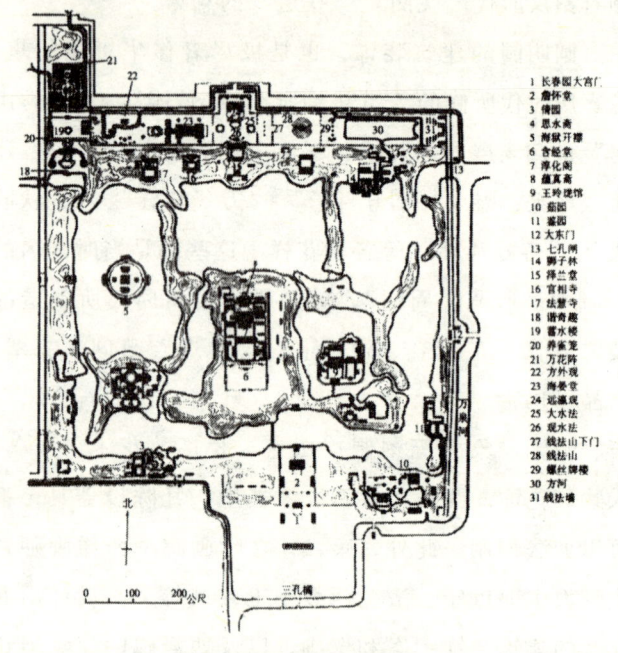

图29 长春园平面图

总的说来，"三园"是个极其优美的园林作品，尽管它还有拥挤造作的缺点，但毫不影响它作为东方园林的典范。

咸丰十年（1860）九月，英法帝国主义因逼迫清政府签订不平等条约，联合军队侵入北京。他们先在西郊圆明园肆行抢劫。10月18日（农历九月初五），英国步兵及骑兵团据"正大光明殿"为指挥部，派兵四处纵火，对全园有计划地进行焚烧。至19日薄暮，全园陷入一片火海。据亲睹者记述，当

图 30 万春（绮春）园平面图

图 31 长春园远瀛观

时是黑烟漫天，结成浓云，弥漫北京天空；走近宫殿，则听见火声若吼，日光从浓烟中透过，照得草木俱成惨厉之色。纵火的兽兵，在火光中，东奔西窜，形同鬼魅。同日，清漪园（颐和园）、静明园、静宜园，也遭大劫。

在这次浩劫中，这座经过150余年的不断经营，耗费了无数财力和人力的圆明园，侥幸残存的景致仅十余处而已。其后虽于同治年间耗时一年进行重建，终因国势日益衰微，无力支持，只得半途而废。但当时的园子还有个大致眉目，并且还由原机构保护管理，慈禧等人还常来游玩。直到庚子年（1900）八国联军侵略时，园内的陈设又被劫掠一空。于是同、光二朝修葺保留的少数劫余建筑，也不复存在了。

宣统末年，圆明园废址已是麦垄相望，成了旗民的耕地。辛亥革命以后，权贵豪绅们把一些残留的山石雕砌和珍奇树木，争先霸占入私；附近的穷苦农民，则逐日拆撤砖瓦，砍伐树木，以资变卖为生。如此年复一年，使这个曾经号称"万园之园"的圆明园，完全成了一片光秃秃的田野，昔日的宫殿，也只剩下了埋没在荒草堆里的瓦砾。硕果仅存东部长春园里"西洋楼阁"的残雕断砌，供给来访者凭吊！

中华人民共和国成立以后，人民政府贯彻了保存文化古迹的方针，圆明园已被定为"全国重点文物保护单位"。它正在被建设成为一座有爱国主义教育意义的遗址公园。

硕果仅存的颐和园

坐落于北京西北郊的颐和园（见图32），始建于乾隆十五年（1750），当时叫清漪园。这里原有自然山冈——瓮山，还有一个"西湖"水面，是造园的理想

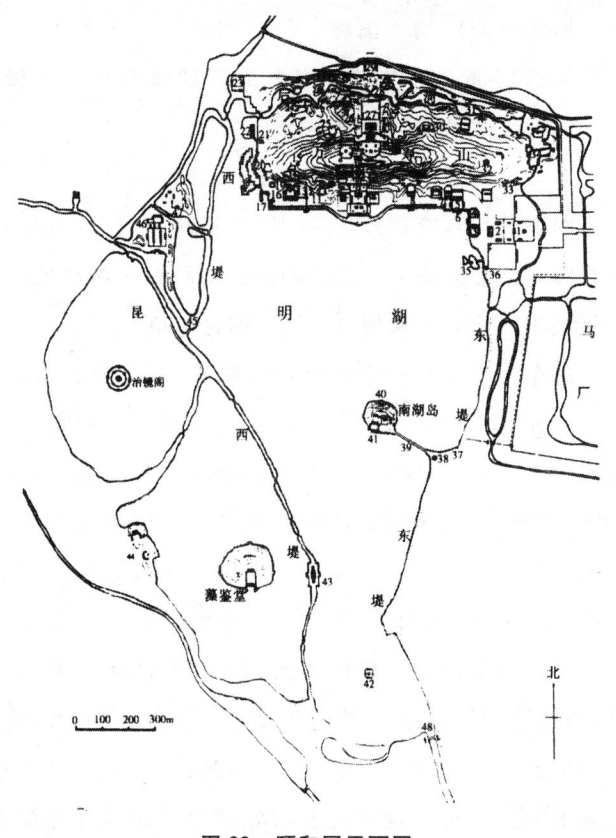

图 32　颐和园平面图

地段。乾隆酷爱自然山水和园林，对于京畿风景区的这块宝地，早有开发之想。于是借着为其母亲祝寿的名义，在这里建起了清漪园，瓮山改名"万寿山"，西湖改名"昆明湖"。晚清时毁于英法联军。后来慈禧太后（西太后）那拉氏为庆贺自己五十寿辰和在这里颐养天年，挪用海军经费予以重修，就是现在我们所看到的样子。

颐和园正门向东，称"东宫门"；门前两侧有值房，形成门前广场，正对宫门有大影壁。原来在宫门前广场的前面，还设有一座金碧辉煌的三间木牌楼，作为即将到达东宫门的前奏标志。

东宫门共五间，坐落在汉白玉的台基上；中央三间为门道，有台阶和云龙雕刻的"御路"。门左右分列一对雕刻精美的铜狮；宫门两侧，对称开了两个便门，这是当年宫廷人员及朝见大臣们的进出口。

进东宫门先是一个满植着苍松翠柏的庭院。迎面是二门，上悬"仁寿门"匾额。进仁寿门正对着一块高大精美的石峰；院内左右分列着龙、凤、缸、鼎等铜雕、器物以及山石、花卉盆景之类。这个院落的正房是仁寿殿，即当年这座离宫上朝的正殿。虽然殿前有雕刻、花木、山石点缀，但仍然保持严肃的宫廷气氛。穿过这个院落，继续深入园内，有两条主要的道路可行：一条路由殿南走，先是土山遮掩，曲折蜿蜒，但峰回路转，便见水色天光、豁然开朗——昆明湖水与长天一色，轻柔地衬托着浓妆的万寿山；远处烟霭茫茫，一抹西山及玉泉山宝塔，构成了非常含蓄、丰富的一面背景（见图33）。另一条路，从仁寿殿北面通过，先是路过一处有座高大楼阁的院落——德和园。园内正房为颐乐殿，殿对面便是华丽的大戏楼。戏楼分上、中、下三层，可以同时演出，并有机关变幻的设备，设计十分精巧。从德和园往西北走，便可登万寿山。

仁寿殿后部紧连玉澜堂，这是一处清雅幽静、适宜居住的庭院。戊戌政变失败之后，西太后曾把这里

图33　颐和园万寿山、昆明湖

作为囚禁光绪皇帝的特殊牢房，至今游人仍可看到华丽的西厢房窗内用一道阴森森的灰砖墙封闭着。玉澜堂后面，连接有宜芸馆、藕香榭、夕佳楼等多组可供居住的建筑。

自德和园往西，为乐寿堂。这是慈禧的住所，它是与"前朝"仁寿殿相对应的、正式的"后寝"。乐寿堂与厢房之间有抄手回廊连接，组成封闭庭院。院内配置海棠、玉兰等象征富贵的树木，每逢阳春时节，花开似锦云、彩霞一般，十分美丽。庭院中还陈设象征长寿的鹿、鹤等铜雕刻以及山石、花卉盆景等。著名的"青芝岫"大山石，就陈列在乐寿堂的对面。堂前有"御码头"，临湖码头处有高高的铜制圆拱灯架，它是夜游的标志。乐寿堂外院临湖的游廊上开有什锦灯窗——在白粉墙上排列着斗方、十字、方胜、五角、扇面、画卷、贝叶、寿桃、海棠、石榴等花样的小窗。夜晚窗里燃灯，从湖上划船遥望，连同倒影，上下交辉；加上龙舟、凤舫、灯火、烟花，夜幕之下五光十色；在金波湖上，叠翠丛中，宫灯摇曳着殿影，彩船散射着彩光，可谓人间仙境。

从乐寿堂往西，有一个引人入胜的月亮门。望进去，隔着水池对面是一座配置青松的小山；山上正中有一座扇面形的小殿。这里巧妙地配合着建筑形象，即引《晋书·袁宏传》"奉扬仁风施行德政"的典故，而题名为"扬仁风"，一般都把它叫"扇面殿"。从扇面殿再西行，便是著名的长廊了（见图34）。长廊环着万寿山南麓，沿湖由东到西共200多间，长达700多米。其气势之大，可使人联想到秦阿房宫的气魄。长廊不仅是一条遮阴、避雨的游览通道；而且步入廊中，一间间的梁、柱和上楣下栏，形成湖山景色的绝妙的画框，使人看到连续不断的长卷画幅。收回视线

图34 颐和园长廊

又可欣赏廊枋上的"苏式彩画"——花卉、翎毛、博古以及山水和人物故事等等，美不胜收。从湖上的角度，它又是万寿山的一个玲珑的底座，托垫着苍翠掩映着金瓦殿阁的万寿山。

长廊的西头尽端，附近的湖岸便是中西合璧的石舫——"清宴舫"（见图35）。石舫建于乾隆年间，现存建筑是晚清重修的。画舫式的楼阁，在中国古典园林中是常见的，尤其在江南私家园林中，因为水面不大，没有行船的条件，往往仿照画舫楼船的造型，在水边建造这种"旱船"以发人荡舟的联想。

图35 清宴舫（石舫）

万寿山前山是全园的构图中心，是显示皇家御苑的宫殿精华所在。滨湖有汉白玉雕栏，陪衬着长廊。前山从湖边的"云辉玉宇"牌楼到排云门、排云殿，一直上到山上的主体建筑佛香阁，有一条严整的中轴线。在全园亭台楼阁千变万化之中，树立了一个主次分明有统一秩序感的、与山一体的对称宫殿群，是统治者宫苑意识的体现。

在佛香阁的高台上南望昆明湖、"龙王庙"、西堤六桥以及湖上荡漾着的游船、画舫尽收眼底，酷似杭州西湖风光。"上有天堂，下有苏杭"，乾隆下江南，饱览了天堂般的苏杭美景，还要把它带回到北京宫苑中。当年乾隆皇帝要求依照杭州西湖和苏州"七里山塘"在清漪园中造景，昆明湖完全按照杭州西湖设计；万寿山北面狭长的后湖则仿照苏州"山塘街"修建。

佛香阁周围，还有很多建筑拱卫。阁后为佛教西藏密宗，即喇嘛教的建筑群。中间是琉璃阁"智慧海"，它是建在顶峰上的五间大殿，殿前有三间琉璃牌坊。大殿也是五彩琉璃装饰，数不清的琉璃小佛龛，辉煌耀眼。智慧海后坡有"须弥灵境"一组喇嘛庙，完全是巍峨壮丽的藏式建筑。佛香阁左面有"转轮藏"，右面有五方阁和铜亭。这两处基座都是雄伟的自然叠石，与山浑然一体。叠石中有洞壑和盘旋的盘道，游览起来有步入迷宫的趣味。前山遍布情趣各异的景象20多处，如东部有养云轩、春意轩、写秋轩、园朗斋、意迟云在、景福阁等；西部有云松巢、邵窝、听鹂馆、画中游、湖山真意、贵寿无极、寄澜堂、迎旭楼、澄怀阁等。

昆明湖东岸，小岛上有知春亭。这里是观赏湖山全景的最佳位置，左边是碧波荡漾的昆明湖和十七孔桥、龙王庙，右边是闪烁着金瓦丛翠丰满的万寿山。尤其是黄昏前，湖光山色和远方的西堤六桥，背衬着逆光下的西山、玉泉山塔影，是赏景的佳处。

特别值得一提的，还有万寿山东麓的谐趣园。这处自成格局的水景园,是仿照无锡名园"惠山园"又名"寄畅园"建造的。它们的基本格局相似,但由民间到宫廷,谐趣园已然有华贵盛妆的宫廷气魄了。

3 承德避暑山庄

避暑山庄(见图36)是清代最大的一座离宫,依山逐势的缭垣,采取有雉堞的城墙形式,周长有十几公里。乾隆时代将康熙时建起的避暑山庄加以改建和扩建,使它成为前部朝宫、后部湖山苑囿的避暑离宫。

图36 承德避暑山庄平面图

扩建工程从乾隆十六年开始，进行了将近40年。乾隆题名"三十六景"，其中十景是乾隆时新增加的，即丽正门、勤政殿、松鹤斋、青雀舫、冷香亭、嘉树轩、乐成阁、宿云檐、千尺雪、知鱼矶。另外还增加了很多景点，如山区的创得斋、山近轩、碧静堂、玉岑精舍、秀起堂、静含太古山房、食蔗居；湖区的戒得堂、烟雨楼、文津阁、文园狮子林等。

行宫的南面城门为丽正门，门内是中轴对称、格局严肃的一组建筑群，前朝正殿额题"澹泊敬诚"殿，完全用金丝楠木建成，俗称"楠木殿"，不施油彩，庄重典雅。这里和北京宫城前朝不同，庭院里松树配置，显示出幽静的离宫气氛。皇帝起居的后寝，正殿额题"烟波致爽"殿；最后为"云山胜地"楼，采取江南园林常见的室外自然叠石楼梯。东路一组为"松鹤斋"，是后妃们的住处；这里最后一进院落叫"万壑松风"（见图37），原来是康熙的书房。此处向北，沿叠石蹬道下行，可达宫苑区。松鹤斋以东有东宫一组，其中轴南端正对行宫的德汇门，可以直接进出行宫。东宫中有三层大戏楼——清音阁，有天井、地井及转轴、升降等舞台设置。这里最后一进为"卷阿胜境"殿，殿北就是苑中的湖区了。

山庄宫苑可分湖区、山区和平原区三部分。

湖区约43公顷，包括人工湖、洲、岛、堤等景象。最大的如意洲4公顷，最小的屿为0.4公顷。这些洲、岛、屿、堤把水面分割成如意湖、澄湖、上湖、下湖、镜湖、银湖、长湖、半月湖等几个水域。东、

图37 避暑山庄松鹤斋的后殿"万壑松风"

西水面之间设水闸调节水量，上建水心榭。山麓处有许多泉涌如小瀑布，康熙《远近泉声》诗序描写道："北为趵突泉，涌地鬐沸；西为瀑布，银河倒泻，晶帘映岩，微风斜卷，珠玑散空。前后池塘，白莲万朵，花芬泉响，直入庐山胜景矣。"整个湖区水景的创作，以江南水乡为蓝本，吸取江南园林艺术成就，可以说达到了"虽由人作，宛自天开"的境界。

园中的风景建筑主要集中在湖区,是所谓"山庄胜处,政在一湖"。澄湖与上湖之间、东岸的金山亭,是湖的重要景点。它是镇江金山"江上浮玉"的写照,园林艺术叫做变体创作。这里不仅构成与水相结合的、体形优美的建筑景象,而且也是近观湖景、远观"南山积雪"和"北枕双峰"的最佳观赏点。

山区面积占全园的2/3,山形丰满、植被葱郁,几个山峰高出平原区50～100米,最高峰为150米。山岭很多冲沟山峪,都是游览的便径。山顶以小亭点缀,突出"南山积雪"、"北枕双峰"、"四面云山"和"锤峰落照"四峰景象。

一些小园和寺庙,大部分设在幽深的谷壑之间,"内八庙"中的七座都建在山区内。依山逐势建成的小园,以碧静堂最有代表性。它位于松云峡和梨树峪之间,处于两条山涧和三道山梁的交点。建筑分为南北两组,北组正对幽谷设园门——六角亭,亭有折廊与"净练溪楼"相连;南组则以"碧静堂"为主体,"松鹤间想"楼与"静赏室"为东、西从体,都用折廊与主体相连。北南两组之间依小山梁开松林石径相通,显得十分深邃幽静。小园结构简捷、明确、活泼幽深,具有很强的艺术感染力。

当年山区植被甚丰,曾保留大面积的原始松林。造园的植物配置也很讲究,如"榛子峪"、"梨树峪"等都是突出植物景象特征的创作。

平原区称"万树园",其中场地设置"蒙古包"与"试马埭"等景物,体现一派塞外风光。

乾隆皇帝说："我皇祖建此山庄于塞外，非为一己之豫游，盖贻万世之缔构也"。只可惜避暑山庄晚清时被毁。中华人民共和国成立后，避暑山庄遗址被列为"全国重点文物保护单位"，20世纪80年代以来予以部分恢复，使人们仍可领略当年的基本风貌。

十三　发达的明、清私家园林

元朝从蒙族帝王到各族权贵、豪绅、宗教界以及有经济力量的士大夫文人，自然并未放弃园林享乐，只是不像宋朝那样兴盛就是了。私家园林中，元代大画家倪瓒（云林）参与创作的苏州狮子林就是著名的一例。

明、清两朝又掀起园林建设的高潮，私家园林的创作在两宋基础上发扬光大，出现于全国广大地区。清乾隆以后，甚至边疆少数民族地区，也出现为数不少的私园。经济、文化发达的地区，园林创作更是一派繁荣景象，例如首都北京和经济兴旺、人文荟萃的江南地区，私家园林无论是数量上还是质量上都是最好的。就园林艺术而言，江南荟萃园林之精华，可谓全国之冠。在中国辽阔的国土上，由于地理条件和社会人文条件的差异，园林艺术有着不同工艺和艺术风格。被学者们所公认具有成熟的地方特点的有江南、北方和岭南三大流派。三者各自也有区别，如同属江南，扬州、苏州、湖州等园林就各具特色；北方的北京与华北、西北等地的园林也不尽相同。

诗情画意的江南园林

"江南"一词在明、清时期主要是指江苏境内的长江沿岸地区,除了扬州等个别城镇,一般是指长江南岸的城、乡地区。在明代,这一地区设有"江南省",又称"南直隶"。清代乾隆年间皇家编纂的《南巡盛典》中,"江南"与"浙江"并列,可见当时的地域概念。近世一般根据人文地理特征的共性,赋予"江南"以较为广阔的含义,使其包括苏、皖南及浙北的太湖流域地区。

"江南园林"主要指的是苏南、浙北地区明、清或稍晚些的私家园林。这类园林多在城镇,一般幅员较小,面积多数在1亩~10亩左右(0.07公顷~0.7公顷),最大的宅园也不过几十亩(5公顷~6公顷)。个别古园有五代和宋、元基础,因为园林的变异性较大,园林易主兴废、重修等情况使得明、清园林现存实例一般都是屡经后世修葺或改建的。然而园林基本景象结构一般没有大的变动。

江南的自然条件适宜植物生长,可以入园的植物品种众多。就近出产太湖石及山石,提供了理想的造园材料。江南为水网地区,水源便利。建筑技艺素有修养,家具装修具有深厚的工艺传统。诸多方面提供了园林艺术发展的有利的物质条件。所以很早以前江南一带就有著名的园林建设。

江南自古以来一些达官显贵、富商大贾以及骚人墨客兴建私园，从而出现了一些造园艺术家，私家园林也遍及江南各城市。有的城市，如扬州、苏州、杭州，最盛时私园数以百计。至明、清时期，特别是清乾隆年间，扬州园林鼎盛，清朝有人说："杭州以湖山胜，苏州以市肆胜，扬州以园亭胜。"乾隆、嘉庆以后，苏州园林名声日益显赫。大量园林艺术的实践，使江南园林创作水平不断提高，一些著名的造园家，如南宋的俞澂、元代的倪瓒（云林）、明代的张南阳（小溪子、卧石生）、文震亨、周秉忠（时臣、丹泉）、计成（无否），清代的李渔（笠翁）、石涛（释道济）、张涟（南垣）、张然、戈裕良、仇好石等人，他们出色的园林创作实践或理论研究，对中国造园学的发展作出了卓越的贡献。现在有他们的园林专著，诸如《园冶》（明计成著，明崇祯四年成书、七年刊行）、《一家言》（明末、清初人李渔著）、《长物志》（明末、清初人文震亨著）等行世，以及他们的园林作品犹存。

明代扬州园林盛况在文献中多有记载，当时私家园林多为城市宅园，郊野的别墅园尚不多见。被誉为"城市山林"的这些私家园林，以明末扬州名门望族郑氏兄弟的四园——郑元勋的影园、郑元侠的休园、郑元嗣的嘉树园、郑元化的五亩之园最为有名。其中又以休园为最（见图38）。

休园：在扬州新城流水桥畔，原为宋代宋氏旧园址，面积50亩，是座大型的宅园。据宋介之写的《休园记》描述：园在宅后，进园门往东是正厅，厅堂南面是叠石小院。园西部为山水景象的主体，被认为是

十三　发达的明、清私家园林

图38　扬州明代著名私家园林——休园图

处理得最好的地方，它的高明处在于"随径窈窕，因山引水。"厅堂东面有叠石山，山下有楼，题名"空翠小亭"。石山趾窍穴中流出泉水，绕楼东北流入水池——"墨池"。池水描写的是湖泊，既曲折有致，还有溪流陪衬；并配以沙渚蒲草，甚得淡泊水乡的情趣。池南岸建水阁，阁南为主体叠石山，《休园记》说："皆高山大陵，中有峰峻而不绝，其顶可十人坐。"主峰近旁建玉照亭,半隐在树林中。在山上可以眺望,可以有园外远山的借景。墨池北岸建画舫式水榭,额题"枕流"及"不渡航"。园东北山上建"来鹤台"。

休园的山水园结构是山水迂回结合,因而山水景象密不可分浑然一体,这是它最成功之处。园中建筑比重增加,多用游廊连接,雨天游览也不淋雨。这是由明代私家园林的淡泊、野趣向清代园居实用性增强转化的一个代表作。

个园:扬州至今犹存的一座私家园林实例(见图39)。该园位于扬州东关街,为清嘉庆、道光间(19世纪20年代前后)盐商、两淮商总黄应泰(至筠)就寿艺园旧址所建的宅园(清·刘凤浩《个园记》)。传说寿艺园中原有石涛和尚创作的石山。

个园在住宅后(北)部,由宅东侧"火巷"(隔

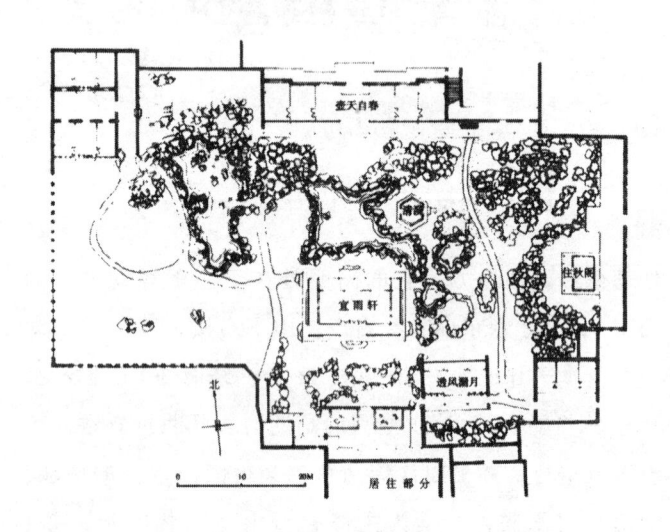

图39 扬州个园平面图

断火灾的小巷）北进后西折，经复道下层廊道（现已无存）入园。现存园林面积为4500平方米，原来面积还要大一些。园中当年大量种植牙竹，号称"万竿"，是以题名"个园"（黄氏号亦为"个园"）。此园以"四季假山"著称。所谓"四季假山"，即园中分别以石笋、湖石、黄石、宣石（雪石）构成春、夏、秋、冬四座山景。导引程序亦按四季顺序排列，由宅北入园之前先见"春山"。其景象结构简单，即在东、南、西三面复道与北面粉墙所构成的天井中，于粉墙月洞门两侧散置石笋，配以疏竹，是象征性的手笔，石笋略示澹冶的春山，并借"笋"字配以竹林，发人"雨后春笋"的联想。

月洞门额嵌"个园"，即园林入口。入门有湖石叠置丛桂自然的花台前庭。庭北布置主体停点——宜雨轩，俗称"桂花厅"。宜雨轩作"四面厅"形式，东、南、西三面有外廊，东、西廊设鹅颈椅，式样略如太师椅背，为其他地方所未见。轩北有不大的水体呈湖泊型，并伸出水湾、港汊及溪涧，水中点石以象征岛屿。隔水正面对七间长楼——"壶天自春"，楼上提供了俯瞰园景的停点。湖西畔原有两舫，题名"鸳鸯"；隔水与"清漪"亭相对。亭南溪涧尽端又作两小水面，略呈潭型。此处水的这一断续处理，化一水为群水，连成一体更丰富了景象。

楼西南有大体量的湖石山，采取了"水假山"的做法。湖石山南临濠涧型水面叠掇，山水结合紧密，水进入敞轩式大洞中，有低临水面的石梁曲折入洞。

洞内倒挂钟乳石，隧径通达，旧有"十二洞"之称。它描写的是内有暗流的喀斯特溶洞之阴湿风冷景象。山间配置以松、柏及落叶乔木，夏日苍翠令人流连，这就是所谓"夏山"（见图40）。"夏山"景象构思是可取的，南向布置取得阳光下的山岩与荫凉的洞壑之间很好的对比效果，加强了夏日水洞诱人的魅力，但叠石文采不足，显得匠气。作品正反映了《园冶》所谓"能主之人"——盐商园主的欣赏格调。此山有磴道可以登临，自山顶而东，即进入楼层前廊。

图40 扬州个园"夏山"

"夏山"在楼前西段中断，于楼前东段复起，进而过渡到园东部的"秋山"。"秋山"纯为黄石叠掇，北部有复道与楼相连通。"秋山"依园墙而筑，与"夏山"不同，这座山上有较大的顶坪，可供秋日登高之用。顶坪林木间置"住秋阁"以为登临的停点，这里既可俯瞰园内景象，又可远借瘦西湖、平山堂及观音山等风景。此山主景面朝西，因借夕照可以取得理想的效果——黄石山上投以橘黄光线，产生如诗似画的意境。它是主体厅堂"宜雨轩"西部幽美的对景。

"秋山"体量较大，造型雄浑厚重，气势磅礴，其实所用石料远比想象的为少，因为内部多处留有洞隧、谷壑之类，手法相当经济。

"冬山"在"秋山"西南，它是一个三间小厅南部的对景。山用白如堆雪的宣石（亦称雪石）叠掇，主景面为朝北的阴面，更发人以积雪寒山的联想（见图41）。"冬山"布置在东西狭长的小庭院中，整体构图作扬州传统的"九狮"形，称为《九狮图》。山后（南）的粉墙上开有若干圆洞，其位置不在一般视野内，并非取景的洞窗，停点小厅所悬"透月漏风"匾为此作了点题。

图41 扬州个园"冬山"

自"透月漏风"前廊西边小门出，正与入园处的粉墙侧门相接，由此出园，又回到入园前的小庭院中。

个园可以说是扬州园林的代表作。

苏州拙政园：位于苏州城娄门东北街，为全国重点文物保护单位。此地原为大宏寺，明代正德年间（1506年~1521年），御史王献臣（敬止）官场失意，遂效法西晋潘岳之隐居，于此地经营别墅园林，借晋人潘岳《闲居赋》"灌园鬻蔬，是拙者之为政也"的意旨题园名为"拙政园"。王献臣经营拙政园约30年，此后几易园主，园林又经分割，或为私园，或为衙署，或为民宅。明末崇祯八年（1635年），东部为王氏"归田园居"，近代荒废，建国后未按原貌恢复。西部在清乾隆时为叶园。中、西部在太平天国时期曾为忠王李秀成府邸园林。太平天国失败后，中部收归八旗奉直会馆，西部于光绪初归张氏，改称补园。现拙政园包括中部及东、西部，共占地4万平方米。

拙政园的主体景象在中部（见图42）。初建园时，是因借积水洼地而创作湖山景象。据明代文征明所作《王氏拙政园记》及《拙政园图》可知，当时建筑较少，颇具野趣。从清代汪鋆《拙政园图》、吴儁《拙政园图》及《八旗奉直会馆图》来看，至清代建筑多有增加，风格已经改变了。但是直至今日，中部山水等基本格局因袭明代未有大的变动。西部变异较大，现存景象基本是按照晚清补园格局修复的。

拙政园是住宅的后花园，位于住宅的后（北）部，多处有便门与住宅相通；当时江南私家园林有时开放

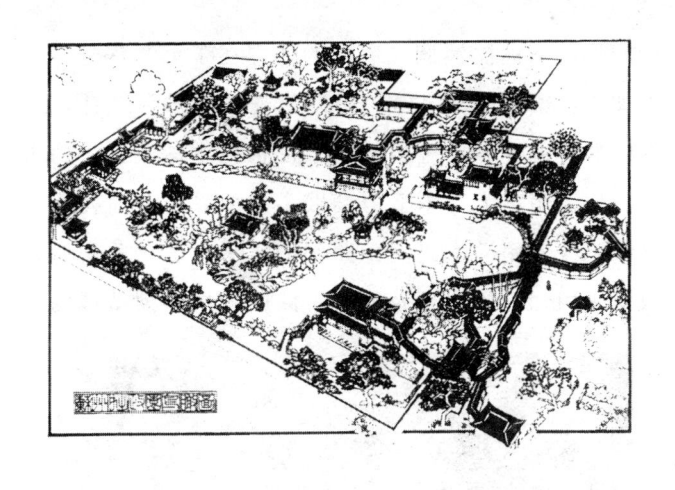

图42 苏州拙政图（中部）鸟瞰图

任人参观，故另辟有直通前街的独立园门。由临街宅门东侧的园门入园，经长巷抵腰门，腰门内叠黄石山以为障景，山北隔小池即为园中部的主要停点——远香堂。堂既接近入口，又接近后宅，极便利使用。堂北布置一派湖山风光的主体景象。

沿袭明代基础的拙政园中部是精华所在，面积约13000平方米，水面约占三分之一。水主体作湖泊型，湖中设山林一组，主景面朝向远香堂。湖南延伸一带状水面，略成濠濮，是为从体。其尽端临一半亭下，略示源流。此濠濮上架风雨桥——小飞虹，及廊桥变体小沧浪，加强了水乡情趣。主体水面东南隅向南折，处理作溪流港汊，架石桥（颇苍古，可能是明代遗构）以含蓄其深远，尽端临一轩榭（海棠春坞），也作不尽源流的处理。

中部叠山，以湖中土山为主，土山分东、西二座，中间形成弯曲的溪涧，弯曲的处理在于莫测深远。涧上架小石梁（见图43），用以衬托山高水深，并作为导引通达的途径。土山提供了广植树木的条件，植木的创作，用高大乔木造成荫翳，并加强山势而构成山林天际线；用灌木封闭山路间的水平视线，并用箬竹及攀缘植物配置点石及涧崖，共同构成丰满植被的幽

图43 苏州拙政园湖山濠涧不加栏护的石板桥——石梁

深山林气氛，其山荫效果尤佳。两土山以西山为主体，布置歇山顶的"雪香云蔚"以示山村野店；东山点缀六角的待霜亭（近代一度题"勤耕"，俗称北山亭）以为陪衬。

西山见山楼一带叠山，是湖后的从体，它构成主要停点远香堂眺望的远山背景。远香堂南对景石山逶迤而东，与堂东侧绣绮亭土山相接，也与湖山相呼应。东南隅枇杷园景象与远香堂、雪香云蔚一组主体景象之间沿叠石走向所用建筑手段分隔，采取山地围墙——云墙形式，一则可使低矮、断续的叠石形成山脉气势，再则以弯曲的墙头轮廓线强调了山地的环境，可谓现存江南园林中云墙创作的代表性实例之一。

园中重修的建筑，是按清代以来晚近的格局和式样，总体保持清代风格。此园的"香洲"，在江南园林借鉴画舫楼船构图创作的别致的水阁楼台中，是一座成熟的典型作品。西部补园水畔游廊悬挑水面的处理，不只解决了水畔沿墙狭窄地段遮掩界限、拓展空间的问题，而且构成了涉水成趣的景象。这道曲折的水廊，在建筑与水的结合上，是颇为成功的。

苏州网师园：位于苏州城内阔家头巷，园址原为南宋（1140年前后）官员扬州人史正志宅邸"万卷堂"的一部分。史氏官至侍郎，退休后居此，园林题名"渔隐"。史氏死后，为丁氏购得，分割为四，园林荒废。清乾隆中叶（1770）光禄寺少卿宋宗元购得一部分，建成网师园（仍取"渔隐"之义）。后荒废。嘉庆时（1800）为瞿远村所有，道光时重加整修增构，奠定今日所见的基本格局，俗称"瞿园"。此后几经兴废，同治年间辗转归李鸿裔，旋又易主。光绪年间增建了撷秀楼。新中国成立后，扩建了梯云室一组及冷泉亭、涵碧泉等部分。

此园位于住宅的西部和北部，现面积约 5500 平方米（见图 44）。当年由住宅入园的通路：一是住宅前部轿厅西部的园门，门额题"网师小筑"，这是亲友入园的社会活动门径；另一园门，在住宅后部撷秀楼，是园主及内眷入园的通路。现在开放为公共游览，将直通十全街的园林后门改作园门了。

图44 苏州网师园鸟瞰图

按原来住宅与园林的关系，集会活动的主体厅堂取《楚辞·小山招隐》"桂树丛生山之阿"句意，题名"小山丛桂轩"（又名"道古轩"）。轩近邻园门"网师小筑"，并以短廊相接。此轩实际是一座四面厅形式，周围叠石环绕，北部为叠石主体——黄石山"云冈"，植物配置以桂为主题，正如轩名所题"小山丛桂"景象，轩东侧又临"槃涧"。这里的山水由轩前楹联"山势盘陀真是画，泉流宛委遂成书"的提示，更延伸了意境。轩北用"云冈"以实障手法隔断了湖光波影的主体景象，所以这里的主体厅堂不是作为主体景象的主要观赏停点。就小山丛桂轩这个主体厅堂来说，这种一反近水远山的布置，而作近山远水的安排，这一则是从功能上将湖南的聚会活动的厅堂与湖北的读书、作画的"看松读画轩"等略有隔断，再则，从构图上，将所有较大体量的建筑都退离水面，从而保持了湖面空间开阔的效果。

主体景象以水面为主体，水面集中作湖泊型，突出了"网师"、"渔隐"的主题（见图45）。为刻画湖泊的特征，于西北延伸的水湾沿岸叠石中，组织以石矶、钓台、曲折的石板纤桥。这从东南部的"云冈"一带望来，不但取得如画的景面，而且由于对角线的绝对纵深加大，又配合以石矶、折桥的层次，更觉其

图45　苏州网师园主体景象

深远。"云冈"西侧临湖设较小体量的干阑式"濯缨水阁",作为主体湖景的观赏点,用以作为被间隔的主厅堂的延伸。临湖西岸,于叠石濠上架设六角亭——"月到风来",以为中景。

湖北岸的景象结构和南岸的处理手法不同,是采取虚障,设疏朗的山林——叠石间植以黑松、罗汉松、白皮松、柏之类,略事遮掩退后的大体量的"看松读画轩"。实际上,园居生活主要使用的"看松读画轩"以及"集虚斋"楼阁、"竹外一枝轩",这一带才是主体景象的主要观赏停点。自"看松读画轩"一带南望又是一个纵深最大的对角线,兼之东南角作出港汊,架设加大透视感的小尺度石拱桥,从而产生更为深远的效果。"看松读画轩"以东的"集虚斋"楼阁为全园的制高点,楼前临水增设低矮的宽廊——"竹外一枝轩",作为湖面之间的隔断,从而保持了湖泊的尺度不受影响。这里,表明了一个成功的手法:为创造主体湖景的辽阔、深远,较大体量的建筑一律退后;作为湖畔近景,用意味着山林的叠石与种植或小体量的亭、轩、廊、榭提供定点观赏的处所,并借以遮挡大体量建筑,造成其远离水景的地位。

网师园以湖为主体的主题景象,是一个开放空间。濯缨水阁、月到风来亭、竹外一枝轩、射鸭廊等都是直接组织在这一开放性景象当中的。看松读画轩、集虚斋楼阁,则是含蓄地、间接地与主题景象相联系,可谓半开放的空间。为造成园林幽深不尽和丰富多彩的效果,园中还包含几处相对独立的封闭景象空间,诸如：小山丛桂轩一组、梯云室一组、五峰书屋（楼上为读画楼）一组、琴室一组、蹈和馆一组及殿春簃一组。这些景象与主体（亦即主题）景象之间，处理以隔断性的实障，成为不同类型的"园中之园"。

园中园的结构，因其相对独立，故自有完整的章法。以书斋院殿春簃一组为例：主体停点为花厅形式，取"尚留芍药殿春风"（芍药开放于春末）诗句，取名"殿春簃"（阁边小屋谓之"簃"）。对景湖石花台间种植芍药以点题，配置以梅、竹、天竺、芭蕉等植物，窗下又植芭蕉，因此簃上楹联作"巢安翡翠春云暖，窗护芭蕉夜雨凉"。这个庭园虽小，但山水俱全，依东、南、西三面园墙的叠石花台并立石峰，略示山的意味；西南隅安排一个荫翳笼罩、幽深莫测的渊潭——涵碧泉。其旁建"冷泉"亭，作为近赏的停点，亭内置高雅的文物性的陈设——传为明代大画家唐伯虎宅遗物——"灵璧石"。近代画伯张大千曾寓居此地，葬其爱虎遗骸于簃侧墙下，又增添了一个自然趣味然而又具有感伤情调的景点。

无锡寄畅园：位于惠山脚下较平坦的地段。园址在元代为两座僧寮，旧名"南隐"及"沤寓"。明嘉靖初年（1527年前后）南京兵部尚书秦金在此地建别墅，取名"凤谷行窝"。秦金殁，园归族侄秦瀚及其子江西布政使秦梁。嘉靖三十九年（1560），秦瀚修葺园居，凿池、叠山，称"凤谷山庄"。秦梁卒，园属其侄都察院右副都御史、湖南巡抚秦燿。万历十九年（1591），秦燿因坐师张居正案被解职，返故里无锡，寄抑郁于园居，改筑是园，凡二十景：嘉树堂、清响斋、锦汇漪、清籞、知鱼槛、清川华薄、涵碧亭、悬淙涧、卧云堂、邻梵阁、大石山房、丹丘小隐、环翠楼、先月榭、鹤步滩、含贞斋、爽台、飞泉、凌虚阁、楼玄堂，竣工于万历二十七年。取王羲之《答许椽》诗"取欢仁智乐，寄畅山水阴"句，题园名为"寄畅园"（《秦氏宗谱》）。万历三十二年（1604）秦燿殁，园一度分裂。清初，其曾孙秦德藻将园归并，请当时著名的叠山工匠张涟（南垣）及其侄张鉽叠石、引泉，予以改建。此园经营数百年一直为秦氏族人所有，故历史上俗称"秦园"。清康熙、乾隆二帝共计十二次下江南，每次都必游秦园。乾隆认为"江南诸名胜，唯惠山秦园最古"，因为"爱其幽致"，命仿照此园在北京清漪园（晚清改称颐和园）万寿山东麓造惠山园（后改名谐趣园）。寄畅园经过历史上的分而又合，并遭晚清同治、光绪年间的战乱破坏，所幸山水结构基本未变，只是古树与建筑所存无几了。

寄畅园在惠山东麓、锡山西麓，占地约10000平方米。景象有山水二区，以水景为主体。水作湖泊型。当年这座别墅园中曾有画舫、酒舸游乐，景象倒影上下交晖有若繁锦，故水名之为"锦汇漪"（明末王稚登《寄畅园记》）。锦汇漪岸边原为散点叠石（北京颐和园后湖乾隆时的岸边疏落叠石与其相类似），颇有自然野致，应为明代遗构，尤其与山相接一面的水湾港汊叠石及石梁，以及低平的"鹤步滩"叠石并配置斜出的二杈枫杨，更属不可多得的杰作。可惜在

20世纪50~60年代的维修中,加砌了大量石块,而篡改得面目全非了。

园林入口原临秦园街(今称惠山横街),在今砖雕大门以南,1954年拓宽横街时,东园墙缩进7米,并将砖雕大门北移。园门内即为临湖的知鱼槛,入园伊始即可见湖光山色。50年代在南部惠山寺入口道左新辟了入园大门,并建秉礼堂一组小庭园。

锦汇漪水面南北较长,主体停点——嘉树堂布置在湖北岸,此处观赏锦汇漪,近景有斜架湖面一隅的七星桥,桥作直线纤桥形式,颇有写实的古风;中间有鹤步滩大枫杨中景的衬托(见图46);方有锡山龙

图46　无锡寄畅园鹤步滩双杈古枫杨原状

光塔借为背景,景深最大而有层次感。嘉树堂早已无存,现在原址重建,辟为茶室。东岸滨湖有亭、榭、游廊,配合巨大的古树。水榭"知鱼槛"以南为"郁盘"亭,以北有"涵碧"亭。据《南巡盛典》、《鸿雪因缘图记》可知,乾隆时代园内西南隅的别墅起居建筑,有宸翰堂、天香阁、卧云堂等。东南隅临园墙,有凌虚阁。园西北隅山上并有歇山顶的梅亭,现在都已不复存在了。

在湖西侧,借原有的山麓阜岗创作土山。这是在清康熙初年园林分而又合的整修时,由当时江南著名造园家张涟侄张伛叠筑的。此山体现了南垣的主张,以土为主,适当地配以叠石。此山中间开一曲折的谷涧,两壁及涧底均用山石叠砌。其间并作出小溪、步石、引"二泉"水注入其中,形成沿谷涧屈曲流通始终的溪流。它虽属涓滴细流,但数处叠落,潺潺有声。在近嘉树堂一端的涧口岩石上,摩刻"八音涧"(见图47)以点题(原称"悬淙涧")。这是颇为成功的一个溪涧的写意作品(乾隆时在北京清漪园的惠山园变体创作中,涧流改为写实风格)。利用山泉的落差而构成多处潺潺天籁之音,是寄畅园创作中最精彩的笔墨,是以明末王稚登在记述此园时说:"其最在泉,得泉多而工于泉。"山上原有茂密的林木,相传有千年古樟,遗憾毁于晚清以来的历次劫难。现在山上大乔木所剩无几,而且未予复原补种,这使得此山既缺少山林的幽深气氛,又使八音涧曝露在阳光下而趣味索然。

在自然山林间造假山,常为论者所非议。寄畅园

图47　无锡寄畅园"八音涧"清泉叠落之一

选址山林间，园内土山的创作，成功地起到了遮挡围墙（自主体景象——湖区，向惠山望去），使园内景象与惠山连为一气，从而拓展了景象空间的作用。

② 端庄凝重的北京宅园

在北方私家园林中，北京宅园是最具成熟风格的一派。这是因为北京城是元、明、清三代的国都，特别是明、清两代城市改建定局，经济、文化复兴，大量皇亲国戚、高官显宦，世代定居京城，子孙繁衍分居，府第不断增加；外地高官和满、蒙族贵族多在京购置带有园林的府邸，以求晚年在此定居。正是由于以贵族、官僚的宅园为主流，因此北京宅园不同于江南或其他地方，所以形成一种统治阶级情趣的富贵和凝重并带有宗法秩序感的格调。同时由于北方的地理特点——比南方冷的气候、生长期短的植物品种、附近山区提供的凝重和冷峻的"北太湖石"及"青石"叠山材料等等，再加上造型敦厚、色彩华丽的府邸建筑，这些都促成了北京宅园特有的风格。

明代北京宅园，仅《长安客话》和《帝京景物略》两部书，就提到七八十处。宅园、别墅较集中的是内城风景优美的什刹海一带。在明代，这里一直是寺院和高级府邸园林区。当时以清雅幽致而闻名京师的定国公的私园——太师圃，就在什刹海的西岸；莫国公的新园在银锭桥畔、观音庵旁。外城宅园，以嘉靖进士、官至兵部尚书加太子太保梁梦龙的"梁园"为最别致。梁园反映士大夫的情趣，水景是"半顷湖光摇画艇，一帘香气扑新荷"，"野旷天高启八窗，门前一碧响淙淙。"临水建野亭、半山房、朝爽楼、警露轩、香云楼、晴云阁等。园中牡丹、芍药尤有盛名，有人把它与洛阳名园媲美。

高级别墅园则多在北京西北郊海淀一带，最著名的如：明神宗的外祖父、武清侯李伟的清华园和明末著名诗人、画家、书法家、官至太仆寺少卿的米万钟（字仲诏，号友石）的勺园。

清初北京宅园大增，一些著名文人、士大夫和官僚都有宅园，如纪晓岚的阅微草堂、李渔的芥子园、贾胶侯的半亩园、王熙的怡园、冯溥的万柳堂等等。乾隆以后，见于文献的北京一般宅园，大约就有150多处，保存到20世纪50年代，还有50多处。如果再加上王府园林和会馆园林就更多了。满、蒙亲王府和贝子府、贝勒府等都有不同规模的府邸和所附的园林。北京是都城，全国各地方、各行业的会馆很多，这些会馆也都有园林。其中两座规模不同的北京宅园颇具特色：

半亩园——在东城黄米胡同，为清康熙年间贾胶侯的宅园，是著名文人造园家李渔参与创作的。道光年间园中原有建筑大部分被毁，只剩下李渔创作的叠山。园归麟庆所有后，重加修整和改建，据麟庆所著《鸿雪因缘图记》载："正堂名曰'云荫'，其旁轩曰'拜石'，廊曰'曝画'，阁曰'近光'，斋曰'退思'，亭曰'赏春'，室曰'凝光'。此外有'嫏嬛妙境'、'海棠吟社'、'玲珑池馆'、'潇湘小影'、'云容石态'、'罨秀山房'诸额。"以后又有一些变化，至清末所形成的格局，一直保存到新中国，虽有破坏但仍有六角门（见图48）、叠石等遗存，60年代"文化大

图48 北京半亩园六角门

革命"浩劫中彻底拆毁。

半亩园占地约 0.4 公顷,主体景象在南部,以纵长的水池和池中的十字形玲珑池馆为构图中心。池岸叠石自然有致,玲珑池馆的基座也叠成自然石的岛屿形象。池南依墙叠成"峭壁山",山上偏西建六角亭,可以登眺园景。池的西北也有石山,叠石与退思斋墙面融合一体。《鸿雪因缘图记》描写:退思斋在半亩园海棠吟社之南,后倚石山,有洞可出。前三间朝北,内一间只开东窗。夏天借阴凉中的清爽石气,冬晨有暖和的阳光照射。退思斋平顶作成台的形式,是赏月的好地方,题名"蓬莱台",由叠石山蹬道上下。从退思斋、蓬莱台向北有游廊与近光阁相连,阁东便是园林正厅——云荫堂。堂前有月台临水,隔水望岛上的玲珑池馆。

半亩园的精华是李渔创作的叠山、组石和水的处理。叠山和池岸组石所用的都是西山青石,以刚劲的横线条为主,突出北方的特色(见图49)。

图49 北京半亩园石山

萃锦园（见图50）即恭王府花园——位于什刹海附近，恭王府后部。恭王府是清道光皇帝第六个儿子恭忠亲王奕䜣的府邸，它原为乾隆时大学士和珅府。园林可能旧有基础，同治、光绪年间都重修过。光绪

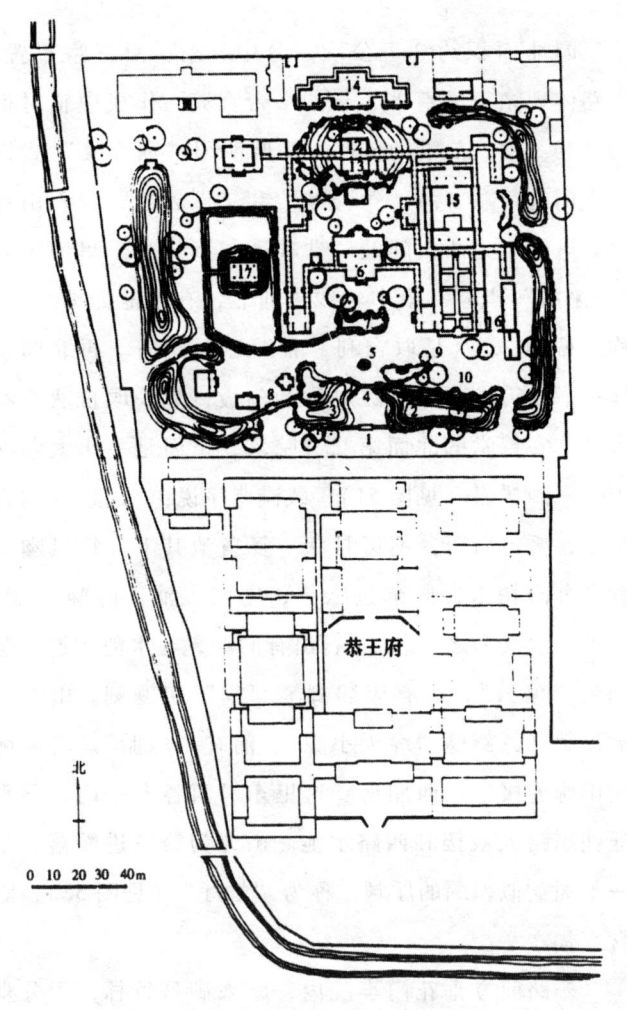

图50 萃锦园——恭王府花园

重修后有二十景：曲径通幽、垂青樾、沁秋亭、吟香醉月、蓺蔬圃、樵香径、渡鹤桥、滴翠岩、秘云洞、绿天小隐、倚松屏、延清籁、诗画舫、花月玲珑、吟青霭、浣云居、枫风水月、凌倒景、养云精舍、雨香岑。

园址面积约 2.7 公顷，分中、东、西三路布置，中路体现亲王的尊严，一如皇帝宫苑、作成中轴对称的格局。中路前沿的园门，为圆明园"西洋楼"式拱券大门，门左右为"垂青樾"和"翠云岭"青石山环绕。进园门为两山间的"曲径通幽"入口，里面正对"飞来石"点景。沿中轴线再向北，有水池如蝙蝠状，称"蝠河"，这是取吉利"福"字的谐音。再北即正厅——安善堂，为打破对称的刻板，堂采取自然叠石台基。安善堂的北面第二进院落，正面是一座太湖石山——滴翠岩（见图 51），载滢诗序说："岩以太湖石为之，叠壁谺谺，不可具状；复凿池其下。每风幽山静，暮雨初来，则藓迹云根，空翠欲滴。吟啸徘徊，觉世俗尘气为之一息。"石山有洞府，与水池相连。洞题名"秘云"，内有康熙御笔"福"字题刻。山上有盝顶敞轩，额题"绿天小隐"，前有"邀胎"。轩两侧爬山廊连接东、西厢房。这里东、西各有一门，分别通往东路大戏楼和西路水池。山北为第三进院落，是一平面类似蝙蝠的厅堂，称为"蝠厅"（见图 52），隐含有福之意。

东路前方垂花门小院内，原来满是竹林，十分幽静，后院以装修华贵的大戏楼为主体，包括前厅、观

图51　北京萃锦园大假山"滴翠岩"，
山上为"绿天小隐"

众厅、舞台及扮戏房一组。

西路主体景象是一个自然石岸边的大方池，中央有水榭——观鱼台；池西、南有土山林木环抱；池东有游廊；池北有建筑。

这座恭王府花园，有人认为是《红楼梦》大观园的生活原形，其实乾隆年间曹雪芹在写《红楼梦》时，在《乾隆京城全图》上，当时还没有这样的园林。看

图 52　北京萃锦园蝠厅

宅园中有园，与大观园一景景相对照真有些相像。那是因为清代皇亲国戚的私园大体上都是这个样子，《红楼梦》行世后，首先在王公大臣之间传阅，恭亲王就是一个"红楼迷"，他的园林经营受到大观园的影响倒是十分可能的。

3　紧密热烈的岭南园林

岭南园林，园主多是商人，又地处沿海，近代接受西洋影响较多，在建筑细部构件、花饰等方面常常混有西方式样。由于气候炎热，园林但多求荫翳，所以景象空间紧密，装饰性强；尤其特殊的是，小空间多用缩景山水，只求观赏"神游"，而不能身临其境，可以说是大盆景式的山水。

余荫山房：是岭南四大名园之一，地处广州市郊番禺县南村,园主为邬姓富商。园创建于清同治年间,至今保存完整(见图53)。

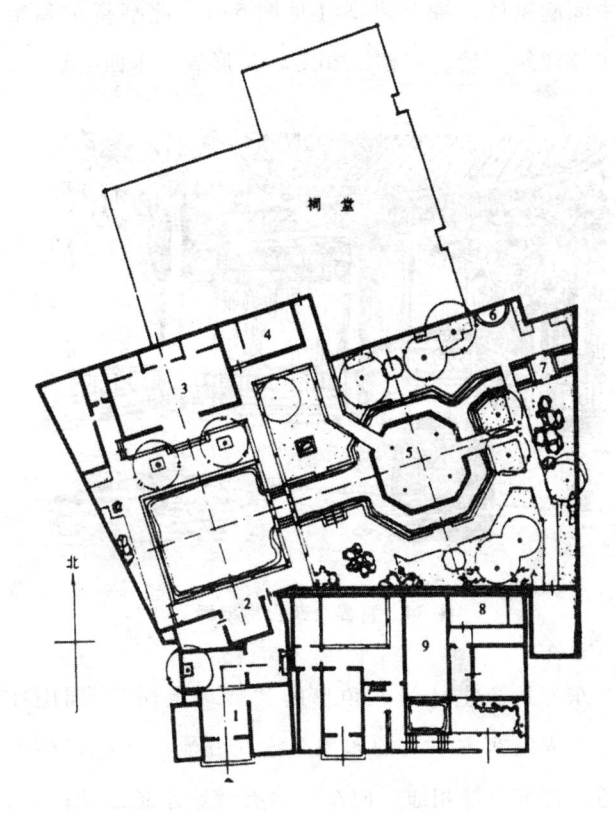

图 53 余荫山房平面图

从东南入园,先是一小天井空间,配置腊梅一株,右转进月洞门,迎面以塑壁为对景。北折入二门,门上对联是:"余地三弓红雨足;荫天一角绿云深,"包含"余荫"二字。进二门便是园林西部。西部景象以方池为中心,池北是正厅——深柳堂。堂三间,堂前月台对称植炮仗花树一对,并有藤萝缠绕,花开时节一片红云。堂对面池畔有"临池别馆",堂、池、馆三者共在一南北轴线上。沿池东设游廊,连接堂、馆;廊中间起拱桥,桥上建亭(见图54)。此亭桥正和东部主体建筑"玲珑水榭"相对,又形成一东西的轴线。

图54 番禺余荫山房亭桥

东部景象主体为八角形的"玲珑水榭",周围环沟,给人以八方水池的印象。这八方池向西也以整形水道与西部方池相通,向东北也有较窄水道通向园外,水道上建有小桥和"孔雀亭",以遮挡水流尽端。东、南两墙下,叠英石小山,配置以竹,构成点景小品。八方池的西北架平桥,接通向西部的回廊。

余荫山房实际是水景为主。水池都采取西洋园林多用的几何式;建筑栏杆、彩色玻璃窗等也多有西洋影响。岭南风格热烈,喜欢附加装饰,以木雕、砖雕、灰塑最为常用。

园林南部另有一个小巧玲珑的景象组合，称为"愉园"。这是园主日常起居之处。这里主体是一"船厅"，厅前有一小方池，略示厅为画舫的意思。厅左右小天井点缀有水池、花木，使景象互相通透。船厅二楼上视野开阔，在园内紧密景象的对比下，有豁然开朗的感受。

林本源园林：位于台湾省台北市板桥镇。园主林氏先祖林平侯于乾隆年间由福建漳州移居台北，经商发家，成为台湾的望族。嘉庆年间，林国华以监生功名捐布政使经历职衔，主管募佃垦荒事务，从此家业更为富有。光绪年间，林维源辅佐台湾巡抚刘铭传推行新政，林氏遂成为著名的缙绅。这时扩建了宅邸；光绪十四年（1888），林维源之弟本源又扩建宅园，占地1.3公顷，至光绪十九年竣工。日本侵占台湾时，园林荒废，部分成为民居。1978年由台北市政府拨款全面修复。

园在老宅（旧大厝）东、新宅（新大厝）北，园的东、北两面临街。

全园由于多次扩建而成，遂形成岭南式单体小庭园组合体。全园可分为五个景象区域（见图55）。

第一景区：园主的书斋"汲古书屋"一组，包括长游廊和四角亭。

第二景区：内书房"方鑑斋"一组。

第三景区：客厅"来青阁"一组，包括"开轩一笑"、"香玉簃"。

第四景区：宴乐集会的"定静堂"一组，包括花

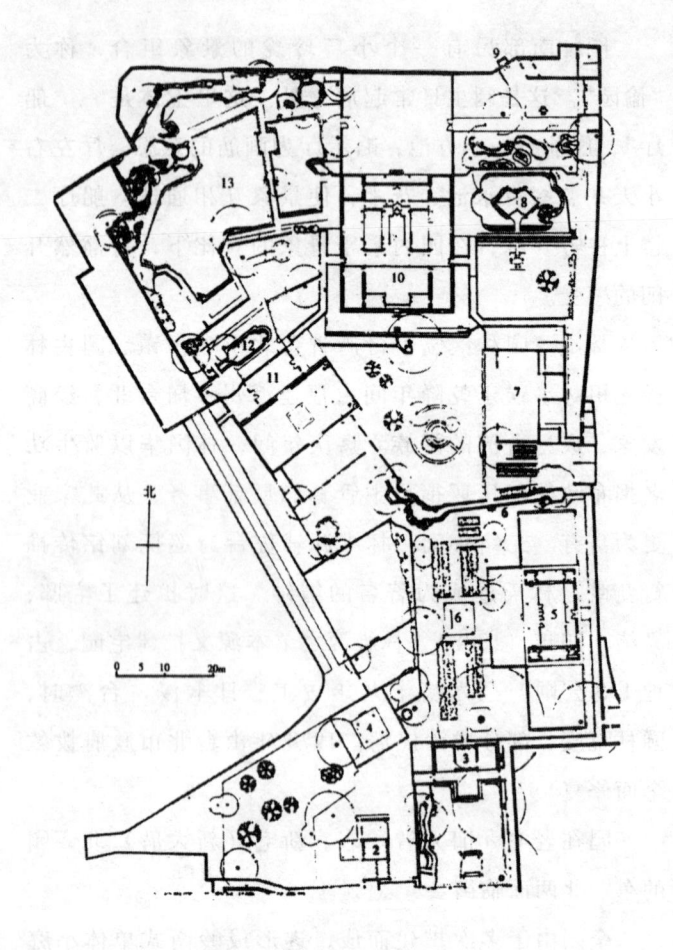

图55 林本源园林平面图

厅"月波水榭"。

第五景区：高瞻远瞩的"观稼楼"一组，包括海棠池、榕荫大池等。

园东北还有临街的园门，必要时可以直接入园。一般园主和眷属由内宅小门入园，宾客则要经过老宅东邻的狭长的"白花厅"，从园林正门进园。

汲古书屋正厅朝西，庭中配置树木、花台、鱼缸、盆景。正厅后的南端以两层的"复道"式的游廊通往方鉴斋庭院。斋取宋代理学家朱熹"半亩方塘一鉴开"诗意而命名，是林氏兄弟以文会友的地方。庭院为池，池岸有两株大榕树使这一水庭布满浓阴。水庭南部有一小方戏台，由于在水上，有很好的音响效果。庭西侧为依墙叠筑的"峭壁山"和析桥可以通到水中的戏台。庭东半廊可通耒青阁，廊墙上镶嵌宋、明大家的书画条石。

耒青阁朝西，是一座重檐歇山顶二层楼，全用樟木建造，既有芳香，又不受虫蛀，非常名贵。室内有西洋穿衣镜，加上精美的装修，更显得皇宫般的华贵。这里不但是接待贵宾的客厅，又是留宿客人的客舍。李鸿章、刘铭传都曾在此下榻。楼前面对"开轩一笑"方亭，是兼作舞台之用的。庭院中点置各种园林小品，诸如高山族草寮式的茅亭、鸟亭、砗磲石台等，西侧为开阔的唎哩岩石坪。庭院三面游廊，南廊与方鉴斋游廊相接；北廊一路与香玉簃相通，一路西折经虹桥、岩洞直达观稼楼。

香玉簃是赏花的地方，院内有菊圃、花台、石桌、石凳。

观稼楼当年可以眺望观音山下的田园风景。楼院用云墙、开有漏窗通透院内外景象。从楼院进入"榕荫大池"的景象空间，有豁然开朗的感受。

定静堂是全园最大的厅堂，是宴会宾朋的地方。堂朝向北方，东西两墙上开有漏窗；东墙开门向东直通临街的园门，额题"板桥小筑"。这一布置，使宾客由临街园门进园，可以比较方便地直达定静堂大宴会厅。由堂东小门可以到海棠形池中的方胜形小亭——"月波水榭"；由堂西小门或堂北庭的西墙月洞门，都可达到"榕荫大池"。

榕荫大池是山水景象的一区（见图56）。池面被游廊、方亭和半月桥一线划分成两部分，池岸为整形石砌筑。池北岸为仿照林氏故乡漳州的山脉而造的叠石山，山势起伏延伸，有聚有散，有的像佛，有的像熊、像虎，山内并有洞、隧。石山配置花木，更觉生动。池周围的亭榭，有方形、圆形、菱形、三角形、六方形、八方形，追求一种集锦的趣味。池有码头可以荡小舟游乐。尤为可贵的是几株大榕树，美丽的形态和绿荫为山池景象增色不少，并改善小气候，清爽宜人。

图56　台北林本源园林的榕荫大池假山立面图

4　世界屋脊上的藏族园林
——罗布林卡

藏语"罗布"是珍宝的意思，"林卡"是园林的意思，"罗布林卡"即"珍宝般的园林"。它位于西藏拉萨西郊，占地约36公顷。这座大型别墅园林是经过200年间、三次扩建而形成今天所见到的规模。全园可分为两部分，东部人们称它为"罗布林卡"，西部称作"金色林卡"。

这座园林始建于清乾隆年间，当时七世达赖格桑嘉措体弱多病，夏天常到这里用泉水沐浴治疗。清廷驻藏大臣奏请朝廷批准为达赖修建一座休息的建筑——"乌尧颇章"（"颇章"即"殿"的意思）。后来七世达赖又在近旁建了更为正规的"格桑颇章"，殿高三层，内设佛堂、经堂、起居室、卧室、图书馆、办公室、噶厦官员的值房和各种辅助房间。经清帝恩准每年藏历三月中旬到九月底，达赖可住在这里处理行政和宗教事务，十月初返回布达拉宫。这便使得罗布林卡成为正式的避暑离宫，因而逐步扩建，更加完善。1758~1804年间，八世达赖强巴嘉措时，扩建了格桑颇章西侧的长方形大水池一区。1876~1933年十三世达赖土登嘉措时，发展了西部金色林卡并修筑外围宫墙和宫门。1954年，十四世达赖丹增嘉措又进行了第三次扩建，增加了东部新宫一区。

林卡外围宫墙共设六座宫门，大宫门在东墙南端，朝向远方布达拉宫。由于逐次扩建，不是统一规划的，所以园林形成三组园中之园，分布在古树茂密的大园之中。每组都以一幢藏式殿宇为主体。

第一组是格桑颇章，附属有长方水池、威镇三界阁、辩经台、持舟殿、观马宫等园林部分，完全是前宫后苑或前宅后园的格局。长方池中排列三个方形小岛，北二岛上分别建有湖心宫和龙王殿，南面小方岛植树。池中植莲，池周围是草地和红、白花木及松、柏、榆、柳树林，林间布置着小巧的建筑。景象非常幽静，颇有点像敦煌石窟寺壁画所示"西方净土"、"极乐世界"的佛国境界。东墙中段建置的"威镇三界阁"，是每年雪顿节时达赖及僧俗官员登临观赏东墙外广场上演出藏戏的地方。

第二组，是第一组北邻的新宫一区。两层的新宫居中布置，周围是草地、树林，点缀花架、亭、廊等，完全是四周花园的西式布局。

第三组，是西部的金色林卡，主体为三层的金色颇章。这座殿内有十三世达赖专用大经堂、接待厅、阅览室、休息室等。底层南面两侧为官员等候觐见的廊子和石华表等，这种严肃的对称布局很有点王宫气氛。这座殿堂附属的别墅园林在西北侧，这里布置曲折、小巧，有小殿——格桑德吉颇章（见图57）。小殿之西，有自然式小池，池中有象征须弥山的小岛，

图57 拉萨金色林卡内的别墅

池水向西南，和一个小园池相通。园池中建有圆形凉亭。

罗布林卡是现存藏族园林中最大、内容最丰富的一座。它是"全国重点文物保护单位"，向广大游人开放，成为西藏地区的一个重要旅游点。

十四 明、清的寺观园林

明开国皇帝朱元璋登基前曾当过和尚,所以明代崇尚佛教。自明成祖定都北京以来,北京逐渐成为北方的一个佛教中心。明代道教也有发展,作为首都北京,自然也是道教的一个北方中心。永乐年间撰修的《顺天府志》载:寺111所、院54所、阁2所、宫50所、观71所、庵8所、佛塔26所,共计322所。到成化时,京城内外仅朝廷敕建的佛寺和道观,就已有636所,民间建置的还不在其内。多数寺观都附有园林,有的以花木驰名京华,如外城的法源寺;有的以山池、亭榭之美著称,如西直门外万寿寺。据记载:"方丈后,辇石出土矣;所取土处,为三池。山上三大士殿各一。三池共一亭……山后圃百亩,圃蔬弥望,种莳采掇。"当时有人赋诗赞美寺园的石山说:"万寿寺前须驻马,此中山子甚峨嵯。"

有的寺观甚至有誉满京城的单独设置的园林,例如朝阳门外的月河梵院。此园利用月河水构筑园池,《天府广记》引《月河梵院记》中有详细的描写:

园后部有"一粟轩",轩前有一独立石峰;西侧有小门，掩映在花石之间；轩北为"聚星亭"。亭四面有坐凳栏杆供人坐憩；亭东有池盆石景，石高三尺，黑质白纹。亭的前后陈列很多山石盆景，大多是江南出产的、名贵的太湖石、灵璧石、锦川石。亭西侧有石桥，桥西为雨花台，台上陈设三个石鼓。台的北面有一座俭朴的茅屋，题名"希古"，屋内陈设藤床、石枕及古瓦、埙、篪之类的文物。茅屋东部有石山，西峰题"云根"、"苍雪"，东峰题"小金山"、"璧峰"。石山下有自然石岸的水池，用竹引水自峰顶涓涓下泻。台南还有一方池，满植莲花。池南有"槐宝"，旁有一棵浓阴四布的龙爪古槐，下边摆着四个"蛮墩"坐凳。槐宝南有小亭，亭里放着一块绿色似玉的鹦鹉石。园中多植青桐、万年松、海棠、石榴之类，有编竹篱笆与曲径相依。从"一粟轩"往南再东折，有"曦先"圃，并有暖房花窖。窖东有"春意亭"，周围植榆、桑、柳林，小径穿行于林中。亭东为"板凳桥"，桥东为"弹琴处"，安放石琴，上刻"苍雪山人作"字样；桥西为"下棋处"。稍北有独木桥，往西为"苍雪亭"，为"击壤处"，有三块坐石。过"下棋处"，有一小石塔。塔东上坡为"灰堆山"。山上有"聚景亭"，这里可以眺望到北山及紫禁城。亭东有竹丛，叫"竹坞"。下山为南门，额题"看清"。进"看清"门有"松亭"、"观澜处"。自"聚景亭"往南，地势如大堤，远望月河之水自城上逶迤而来，流到这里潺潺有声；附近有矮墙围起的"考槃榭"。出"看清"西渡小石桥，逶迤往北走，有野趣的"野芳"门。出

"曦先"圃往南为"蜗居",东为"北山晚翠楼"。楼后有石盘道楼梯。楼下为"北窗",悬一外国进口的藤篮,僧人们常坐在里面荡嬉。再行有"梅屋"、"兰室",每当花开时,来观看的人很多。屋前种千叶碧桃,是北方罕见的树种。

由此可以领略到明代寺院园林,一般来说与私家园林并没有太大区别。可以看出,自宋至明,禅宗使得文人与佛学结缘,文人参禅,僧人也参与文化。可以说,到明朝时,佛教已经世俗化、文人化了。这反映在园林艺术上,即寺院园林景象与文人园林非常接近。道教及道观园林也是如此。

到清朝时期,寺观园林继承宋、明世俗化、文人化的传统,一般和明朝一样,也是采取文人园林的基本景象。这一时期保存下来的寺观园林为数众多,南北方都有。

利用自然的北京大觉寺园林

大觉寺位于北京西北郊小西山的芦台山。寺院依山势坐西朝东,寺后山麓地势高起,植被葱郁,背景重峦叠嶂,自然形胜幽美,寺院山门东向沃野平原,境界开阔。

寺创建于辽代,原名清水院。金章宗时,是有名的"西山八院"之一。明宣德三年(1428)重修并扩建,改名大觉寺。清康熙五十九年(1720),当时还作为四皇子的雍正皇帝,对这座寺院进行大规模修建。

乾隆十二年（1747）又重修。此后，又有几次修整，遂形成今日的规模（见图58）。

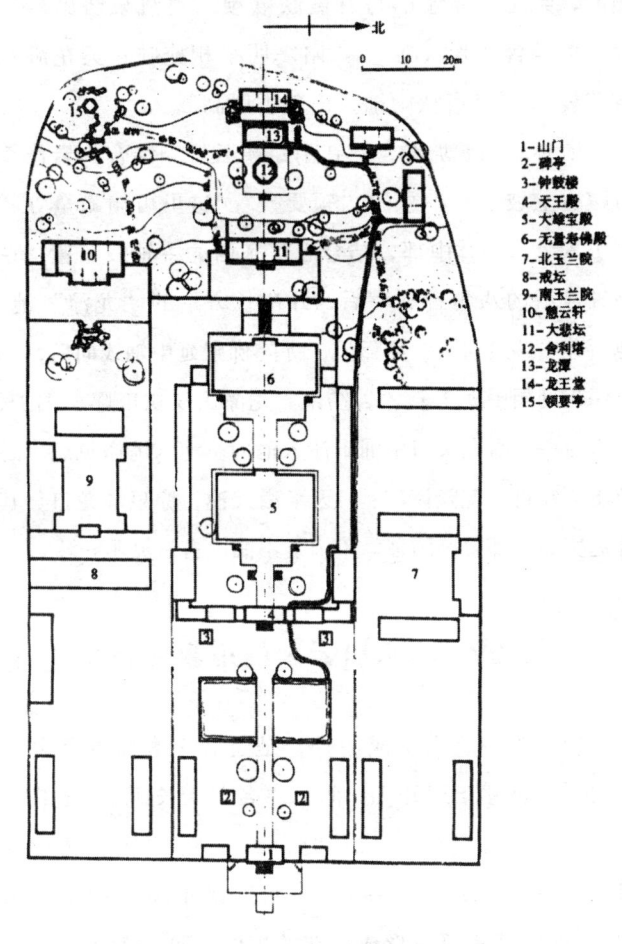

图 58　大觉寺平面图

1-山门
2-碑亭
3-钟鼓楼
4-天王殿
5-大雄宝殿
6-无量寿佛殿
7-北玉兰院
8-戒坛
9-南玉兰院
10-憩云轩
11-大悲坛
12-舍利塔
13-龙潭
14-龙王堂
15-顿要亭

寺院分中、北、南三路布置：中路从山门到舍利塔，为佛殿区；北路称"北玉兰堂"，为方丈院、僧寮和香积厨等僧众生活区；南路有戒坛和皇帝行宫——

"南玉兰院"。南玉兰院以西,从憩云轩过渡到后园。这里引山泉绕流阶下,花木扶疏,点缀竹、石,非常幽静,雍正、乾隆都写有楹联歌颂:"清泉浇砌琴三叠;翠筱含风管六鸣","暗窦明亭相掩映;天花涧水自婆娑","泉声秋雨细,山色古屏高"。

园林利用麓坡经营,在南路憩云轩侧结合山岩作叠石蹬道上坡,设小憩的"领要亭"。这里可俯瞰全寺和群山景色。园林中部,结合寺院东西的主轴线布置,在中轴最后的八角舍利塔后,开凿长方形的"龙潭"池,池后建"龙王堂"。实际上,寺院佛殿延中轴线向后,一直深入到园中龙王堂才告结束。龙潭由汉白玉雕栏围护,泉水由一石雕龙头口中涌出注入池内。池水清澈见底,游鱼历历在目。乾隆诗曰:"天半涌天池,淙泉吐龙口。其源远莫如,郁葱叠冈薮。不溢复不涸,自是灵明守。"

北京白云观的道教园林

白云观在北京阜成门外,是道教全真派的著名道观之一,创建于唐开元年间,原名"天长观"。金朝重建,改名"太极宫"。元朝时为著名道长长春真人邱处机的住所,改名"长春宫"。明洪武年间改称"白云观"。经晚清重修,形成现在的规模(见图59)。

白云观坐北朝南,整个建筑群分中、东、西三路布局。园林在后部,清光绪时增建。

园林主体景象设在中部,也和前述大觉寺一样,以一个建筑群组的形式组织在中路殿宇中轴线上。这

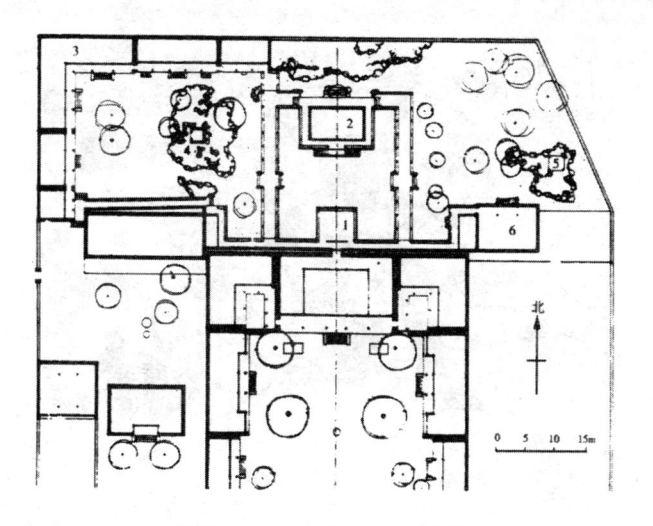

图59　白云观后部园林平面图

个园林主体建筑群组是一座严格对称的庭院，前部从体是一戒坛，后部为建在高台基上的主体——"云集山房"，两侧以抄手回廊连接主从。山房庭院的东、北、西三面为自然式的山林景象。山房以北紧邻叠石山，有古木浓阴掩映。登石山，可望见附近的天宁寺塔以及远处的西山风景。当时有人描写说："一丘长枕白云边，孤塔高悬紫陌前。"山馆以东，有廊相连着坐南朝北布置的"云华仙馆"。仙馆旁有石山，山上建"有鹤"亭。亭旁有大石峰独立，峰题刻"岳云文秀"，以发人五岳名山仙居的联想。园林西北角有曲尺形平面的"退居楼"，楼前有青石山一座（见图60）。山上有方亭"妙香"（见图61）。山下有洞，题刻"小有洞天"，寓意道教的"洞天福地"仙居。洞旁有盘道上山，道旁一碣石，仿摩崖题刻"峰回路转"，以开拓景象的意境。

图60　北京白云观青石山

图61　北京白云观妙香亭

3　与自然融为一体的园林化古常道观

古常道观位于道教圣地四川青城山。青城山是正一派天师道场之一，在清幽的山林环境之间设有六座大型道观和许多小型道观。古常道观是六大道观之一，随着地势，坐西朝东地布置在山腰台地上（见图62）。观南临深壑，北有冲沟和峭壁，选址隐奥而旷达，完全是着眼于自然形胜的大构图，从宏观上使道观的点景，为自然生辉。

古常道观共有15座主要殿堂，连同陪衬和附属建

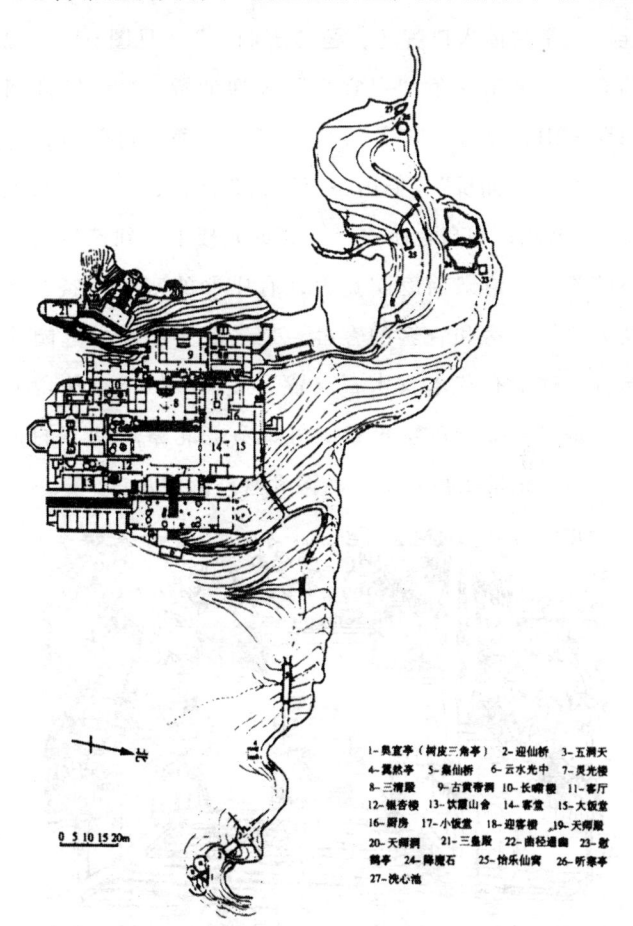

十四　明、清的寺观园林

1-奥直亭（柯皮三角亭）　2-迎仙桥　3-五洞天
4-翼然亭　5-鼻仙桥　6-云水光中　7-灵光楼
8-三清殿　9-古黄荆洞　10-长啸楼　11-客厅
12-银杏楼　13-饮霞山舍　14-客堂　15-大饭堂
16-厨房　17-小饭堂　18-迎客楼　19-天师殿
20-天师洞　21-三皇殿　22-曲径通幽　23-憩
鹤亭　24-降魔石　25-饴乐仙窝　26-听寒亭
27-洗心池

图62　古常道观平面图

筑，共成一座错落有致的庞大建筑群。清光绪年间，在观后依山岩处作成天师洞和天师殿，前方主体部分为民国初年所扩建。

古常道观总体大致分为中、南、北三路，随西高东低的形势，见机布置殿宇，不强求东西主轴线贯穿始终。道观深藏，以200米的序幕路径与山区干道相连。先是观前入口牌坊，题"五洞天"（见图63）。观前有粗犷风格三角"奥宜亭"及迎仙桥。过桥顺迂回山路上山，路旁有"翼然"亭可供小憩。再前行，过跨涧的"集仙桥"，循山路西行，急南折，至"云水光中"。至此，有高台阶直上，穿灵光楼下，到三清殿主体院落。三清殿前庭院宽大，有庄严的宗教气氛。南路为道长住房和香客的客舍，是采取小尺度的庭园式布置，庭中有花木及水石点置。最南一侧，有抹角方厅，是居高临下观赏罄景的好地方。北路峭壁下的封闭空间，是道士徒众的生活区和观务附属用房。

图63　四川青城山古常道观"五洞天"牌坊门

道观西北角，循幽谷曲折深入山坳，构成另一景象环境。这里建"饴乐仙窝"轩榭及"慰鹤亭"，并有"降魔石"点景。再深入，有"听寒亭"濒临汇集山泉做成的小池——洗心池。

道观西南角为天师殿、天师洞、三皇殿一组，这已是中路的最后部分。道观此设有后门，额题"曲径通幽"。出门有盘道上山，与青城山的大自然打成一片。

这座古常道观，本身就是与青城山结合一体的园林。这一作品，力求人为环境与自然环境相统一，它对今天整个人为环境的规划设计都是有借鉴价值的。

参考书目

1. 陈植:《造园学概论》,商务印书馆,1935。
2. 刘敦桢主编《中国古代建筑史》,中国建筑工业出版社,1980。
3. 周维权:《中国古典园林史》,清华大学出版社,1990。
4. 杨鸿勋:《中国古典造园艺术研究——江南园林论》,上海人民出版社及台北南天书局分别出版,1994。

《中国史话》总目录

系列名	序号	书名	作者
物质文明系列（10种）	1	农业科技史话	李根蟠
	2	水利史话	郭松义
	3	蚕桑丝绸史话	刘克祥
	4	棉麻纺织史话	刘克祥
	5	火器史话	王育成
	6	造纸史话	张大伟　曹江红
	7	印刷史话	罗仲辉
	8	矿冶史话	唐际根
	9	医学史话	朱建平　黄　健
	10	计量史话	关增建
物化历史系列（28种）	11	长江史话	卫家雄　华林甫
	12	黄河史话	辛德勇
	13	运河史话	付崇兰
	14	长城史话	叶小燕
	15	城市史话	付崇兰
	16	七大古都史话	李遇春　陈良伟
	17	民居建筑史话	白云翔
	18	宫殿建筑史话	杨鸿勋
	19	故宫史话	姜舜源
	20	园林史话	杨鸿勋
	21	圆明园史话	吴伯娅
	22	石窟寺史话	常　青
	23	古塔史话	刘祚臣

系列名	序号	书名	作者
物化历史系列（28种）	24	寺观史话	陈可畏
	25	陵寝史话	刘庆柱　李毓芳
	26	敦煌史话	杨宝玉
	27	孔庙史话	曲英杰
	28	甲骨文史话	张利军
	29	金文史话	杜勇　周宝宏
	30	石器史话	李宗山
	31	石刻史话	赵超
	32	古玉史话	卢兆荫
	33	青铜器史话	曹淑芹　殷玮璋
	34	简牍史话	王子今　赵宠亮
	35	陶瓷史话	谢端琚　马文宽
	36	玻璃器史话	安家瑶
	37	家具史话	李宗山
	38	文房四宝史话	李雪梅　安久亮
制度、名物与史事沿革系列（20种）	39	中国早期国家史话	王和
	40	中华民族史话	陈琳国　陈群
	41	官制史话	谢保成
	42	宰相史话	刘晖春
	43	监察史话	王正
	44	科举史话	李尚英
	45	状元史话	宋元强
	46	学校史话	樊克政
	47	书院史话	樊克政
	48	赋役制度史话	徐东升
	49	军制史话	刘昭祥　王晓卫

系列名	序号	书名	作者
制度、名物与史事沿革系列（20种）	50	兵器史话	杨毅　杨泓
	51	名战史话	黄朴民
	52	屯田史话	张印栋
	53	商业史话	吴慧
	54	货币史话	刘精诚　李祖德
	55	宫廷政治史话	任士英
	56	变法史话	王子今
	57	和亲史话	宋超
	58	海疆开发史话	安京
交通与交流系列（13种）	59	丝绸之路史话	孟凡人
	60	海上丝路史话	杜瑜
	61	漕运史话	江太新　苏金玉
	62	驿道史话	王子今
	63	旅行史话	黄石林
	64	航海史话	王杰　李宝民　王莉
	65	交通工具史话	郑若葵
	66	中西交流史话	张国刚
	67	满汉文化交流史话	定宜庄
	68	汉藏文化交流史话	刘忠
	69	蒙藏文化交流史话	丁守璞　杨恩洪
	70	中日文化交流史话	冯佐哲
	71	中国阿拉伯文化交流史话	宋岘

系列名	序号	书名	作者
思想学术系列（21种）	72	文明起源史话	杜金鹏 焦天龙
	73	汉字史话	郭小武
	74	天文学史话	冯 时
	75	地理学史话	杜 瑜
	76	儒家史话	孙开泰
	77	法家史话	孙开泰
	78	兵家史话	王晓卫
	79	玄学史话	张齐明
	80	道教史话	王 卡
	81	佛教史话	魏道儒
	82	中国基督教史话	王美秀
	83	民间信仰史话	侯 杰
	84	训诂学史话	周信炎
	85	帛书史话	陈松长
	86	四书五经史话	黄鸿春
	87	史学史话	谢保成
	88	哲学史话	谷 方
	89	方志史话	卫家雄
	90	考古学史话	朱乃诚
	91	物理学史话	王 冰
	92	地图史话	朱玲玲
文学艺术系列（8种）	93	书法史话	朱守道
	94	绘画史话	李福顺
	95	诗歌史话	陶文鹏
	96	散文史话	郑永晓
	97	音韵史话	张惠英
	98	戏曲史话	王卫民
	99	小说史话	周中明 吴家荣
	100	杂技史话	崔乐泉

系列名	序号	书名	作者
社会风俗系列（13种）	101	宗族史话	冯尔康 阎爱民
	102	家庭史话	张国刚
	103	婚姻史话	张 涛 项永琴
	104	礼俗史话	王贵民
	105	节俗史话	韩养民 郭兴文
	106	饮食史话	王仁湘
	107	饮茶史话	王仁湘 杨焕新
	108	饮酒史话	袁立泽
	109	服饰史话	赵连赏
	110	体育史话	崔乐泉
	111	养生史话	罗时铭
	112	收藏史话	李雪梅
	113	丧葬史话	张捷夫
近代政治史系列（28种）	114	鸦片战争史话	朱谐汉
	115	太平天国史话	张远鹏
	116	洋务运动史话	丁贤俊
	117	甲午战争史话	寇 伟
	118	戊戌维新运动史话	刘悦斌
	119	义和团史话	卞修跃
	120	辛亥革命史话	张海鹏 邓红洲
	121	五四运动史话	常丕军
	122	北洋政府史话	潘 荣 魏又行
	123	国民政府史话	郑则民
	124	十年内战史话	贾 维
	125	中华苏维埃史话	杨丽琼 刘 强
	126	西安事变史话	李义彬
	127	抗日战争史话	荣维木

系列名	序号	书名	作者	
近代政治史系列（28种）	128	陕甘宁边区政府史话	刘东社	刘全娥
	129	解放战争史话	朱宗震	汪朝光
	130	革命根据地史话	马洪武	王明生
	131	中国人民解放军史话	荣维木	
	132	宪政史话	徐辉琪	付建成
	133	工人运动史话	唐玉良	高爱娣
	134	农民运动史话	方之光	龚 云
	135	青年运动史话	郭贵儒	
	136	妇女运动史话	刘 红	刘光永
	137	土地改革史话	董志凯	陈廷煊
	138	买办史话	潘君祥	顾柏荣
	139	四大家族史话	江绍贞	
	140	汪伪政权史话	闻少华	
	141	伪满洲国史话	齐福霖	
近代经济生活系列（17种）	142	人口史话	姜 涛	
	143	禁烟史话	王宏斌	
	144	海关史话	陈霞飞	蔡渭洲
	145	铁路史话	龚 云	
	146	矿业史话	纪 辛	
	147	航运史话	张后铨	
	148	邮政史话	修晓波	
	149	金融史话	陈争平	
	150	通货膨胀史话	郑起东	
	151	外债史话	陈争平	
	152	商会史话	虞和平	
	153	农业改进史话	章 楷	
	154	民族工业发展史话	徐建生	
	155	灾荒史话	刘仰东	夏明方
	156	流民史话	池子华	
	157	秘密社会史话	刘才赋	
	158	旗人史话	刘小萌	

系列名	序号	书名	作者
近代中外关系系列（13种）	159	西洋器物传入中国史话	隋元芬
	160	中外不平等条约史话	李育民
	161	开埠史话	杜 语
	162	教案史话	夏春涛
	163	中英关系史话	孙 庆
	164	中法关系史话	葛夫平
	165	中德关系史话	杜继东
	166	中日关系史话	王建朗
	167	中美关系史话	陶文钊
	168	中俄关系史话	薛衔天
	169	中苏关系史话	黄纪莲
	170	华侨史话	陈 民 任贵祥
	171	华工史话	董丛林
近代精神文化系列（18种）	172	政治思想史话	朱志敏
	173	伦理道德史话	马 勇
	174	启蒙思潮史话	彭平一
	175	三民主义史话	贺 渊
	176	社会主义思潮史话	张 武 张艳国 喻承久
	177	无政府主义思潮史话	汤庭芬
	178	教育史话	朱从兵
	179	大学史话	金以林
	180	留学史话	刘志强 张学继
	181	法制史话	李 力
	182	报刊史话	李仲明
	183	出版史话	刘俐娜

系列名	序号	书名	作者
近代精神文化系列（18种）	184	科学技术史话	姜　超
	185	翻译史话	王晓丹
	186	美术史话	龚产兴
	187	音乐史话	梁茂春
	188	电影史话	孙立峰
	189	话剧史话	梁淑安
近代区域文化系列（11种）	190	北京史话	果鸿孝
	191	上海史话	马学强　宋钻友
	192	天津史话	罗澍伟
	193	广州史话	张　苹　张　磊
	194	武汉史话	皮明庥　郑自来
	195	重庆史话	隗瀛涛　沈松平
	196	新疆史话	王建民
	197	西藏史话	徐志民
	198	香港史话	刘蜀永
	199	澳门史话	邓开颂　陆晓敏　杨仁飞
	200	台湾史话	程朝云

《中国史话》主要编辑出版发行人

总策划	谢寿光　王　正
执行策划	杨　群　徐思彦　宋月华
	梁艳玲　刘晖春　张国春
统　筹	黄　丹　宋淑洁
设计总监	孙元明
市场推广	蔡继辉　刘德顺　李丽丽
责任印制	岳　阳